ものがたり〈近代日本と憲法〉

——憲法問題を「歴史」からひもとく——

語り部

小澤　浩

吉田　裕

犬島　肇

山田　博

鈴木　明子

勝山　敏一

桂書房

目　次

前口上　― 読者の皆さんへ …………………………………………… 2

第一話　侍たちが描いた国家構想 ………………………………… 13

第二話　「五か条の誓文」と五枚の「太政官高札」 …………… 16

第三話　自由民権運動と私擬憲法 ………………………………… 20

　　1．植木枝盛の「日本国国憲案」………………………………… 20

　　2．草の根の憲法構想　―「五日市憲法草案」………………… 24

第四話　「帝国憲法」への道のり　―はじめに「欽定憲法」ありき… 29

第五話　「万世一系ノ天皇之ヲ統治ス」　―大日本帝国憲法の制定… 33

第六話　「一旦緩急あれば義勇公に奉じ」　―教育勅語の発布 …… 42

第七話　「立憲主義」を盾とする戦い　―憲政擁護運動の勃興 …… 47

第八話　大正デモクラシーの思想　―吉野作造の民本主義 ……… 53

第九話　十五年戦争下の憲法　―その末期を見据えて …………… 61

　　1．関東大震災と大恐慌の衝撃 ………………………………… 61

　　2．暴走する「国体論」 ………………………………………… 67

　　〈別表〉戦時体制下の主要事項に関する略年譜 ……………… 69

　　3．敗戦　―帝国憲法体制の終焉 ……………………………… 87

第十話　「新」憲法を手にして　―私の決意…………………… 90

《コラムの頁》新憲法下の日本を考える　―地域史の視点から …… 98

　天皇をどう思われますか？　―米軍に問われた富山市民………… 99

　父の玉砕死、忘れられた島　―マーシャル群島マロエラップ環礁のことなど
　　　　　　　　　　　　　　　　　　　　　　　　………… 110

　戦後補償問題について思うこと　―不二越訴訟から新日鉄住金訴訟まで
　　　　　　　　　　　　　　　　　　　　　　　　………… 121

イタイイタイ病・カドミウム被害　―未解決問題の全面解決 … 126

憲法９条と沖縄のこと　―Ａさんへの手紙 ……………………… 137

山本太郎氏の「直訴状」　―現憲法下の天皇と天皇制について考える
　　　　　　　　　　　　　　　　　　　　　　　………… 149

参考文献 ……………………………………………………………… 155

おわりに　―再び読者のみなさんへ ……………………………… 162

ものがたり〈近代日本と憲法〉
―― 憲法問題を「歴史」からひもとく ――

語り部

小澤　浩

吉田　裕

犬島　肇

山田　博

鈴木　明子

勝山　敏一

前口上 ── 読者の皆さんへ

言い出しっぺの弁　　察しのいい方ならもうお分かりと思いますが、この本は、首相の安倍晋三さんが提起している憲法、とりわけ「戦争の放棄」を謳った「九条」の改定をめぐる議論に、独自の立場から「参加」することで、私たち自身の理解を深めることを願って編まれたものです。執筆者（この本でいうところの「語り部」）は6人ですが、「前口上」は言い出しっぺの私が受け持つことになりました。申し遅れましたが、私は、歴史の勉強を生涯の仕事としてきた小澤浩と申します。私たち6人は、戦争に道を開く「九条」の改定は反対だという一点で繋がっていますが、その他の点になるとてんでんばらばら、むしろ、それぞれの意志を尊重するという申し合わせになっているので、私も、皆さんの了解を得て、ここではいささか私事にわたることから話を始めさせていただきます。とはいえ、齢80をとっくに過ぎた私をここまで突き動かしてきたのは、私の意志というよりは、「歴史の意志」というようなものだった気がするので、「私事」という言葉は引っこめてもいいのですが…。

戦争の申し子　　私は、一五年戦争（1931年勃発の満州事変から日中戦争を経て太平洋戦争が終結する1945年までの15年間を一連のものと捉える見方から生じた呼称。私もその見方に従っている）のさなか、日中戦争が始まった1937年、戦勝祈願の旗行列に駆り出された母がにわかに産気づいてこの世に生まれました。まさに、戦争の申し子のような生を受けたわけです。さらに、物心がつき始めた41年には対米戦争の火ぶたが切って落とされ、私はご多分に漏れず、「撃チテシ止マム」（撃って滅ぼしてやる）の軍国少年として育ちました。そして、45年8月2日未明、私が住んでいた富山市が米軍の空襲で焦土と化し、約3000人の命が失われます。国民学校（今の小学校）からの指示で、単身、富山県入善町在の祖母の家に疎開していた私は、田んぼの中のあぜ道から、真っ赤に焼けただれ

2

た富山の上空を見上げながら、その下で逃げまどっているかもしれぬ両親や、疎開に行きそびれた級友たちのことを思い、体が震えてくるのを抑えることができませんでした。その時私は、軍国少年の思い描いていた文脈とは全く別の、戦争というものの現実を、その恐怖とともに初めて体感したのでした。

45年8月15日、天皇のポツダム宣言受託＝敗戦の放送は、北陸線（今のあいの風富山鉄道）入善駅の駅長室で聞きました。そのとき弾かれたように駅長室に向かう人々に背を向けて、「俺はいいよ」と言ってベンチに寝そべっていた中年の男の人の姿が、なぜか8歳の少年の脳裏に深く刻み込まれて、今に及んでいます。

叔父の戦死　それから2年後の晩秋のある日のこと、我が家に一通の戦死の「公報」が届きました。ビルマ（今のミャンマー）に出征していた父の末の弟、つまり私の叔父の戦死を告げるものでした。応召前はまだ学生だったので、うちに寄宿していて、同じ部屋で私と起居を共にしていました。彼は、宮沢賢治に傾倒していて、夜ごと、私の枕辺で賢治の童話を読んでくれたものです。「どっどどどどうど、どどうどどどう」という『風の又三郎』の冒頭を読む彼の声が、今も耳元に蘇ってきます。その彼に、気になる女性が現れて、婚約も調ったその時、召集の赤紙が届いたのです。

彼が異国の地で死を迎えたのは、敗戦を目前にした45年の7月のことでした。遺骨箱（中は空っぽ）に添えてあった文書の死因の欄には、「左胸部貫通銃創」、つまり心臓をぶち抜かれて死んだことになっていました。しかし、この本の語り部の一人、吉田裕さんが明らかにしているように、敗戦に近づくほど兵士の餓死者や病死者が急増しています（吉田裕『日本軍兵士』中公新書）。とりわけビルマといえば、彼の死は、多数の餓死者を出した悪名高いインパール作戦が強行された時期と重なり合っています。だから「左胸部貫通銃創」は、苦しまずに逝ったよ、という当局者の、せめてもの配慮だったに違いありません。子供心にも、私の悲しみは深いものでした。父も、その日は終始無言でし

た。とりわけ義弟を我が子のようにいつくしんできた母は、「いとしやのう」と掻き口説きながら、しばらくは泣き暮らしていました。

他愛もない変身　しかし、子供の心は移ろいやすいもの（その点同じ軍国少年でも、私より上の世代はいま少し屈折していて、立ち直るのにやや時間を要したようです）。やってきた米軍の将兵が街中をジープで颯爽と駆け抜ける姿や、復興に向けて目まぐるしく移り変わる世相に目を奪われているうちに、叔父を失った喪失感も、その「グンコクシュギ」も、いつしか薄れていったかに思われました。

　ところが、私が叔父の戦死した年ごろに近づくにつれ、フト、彼が今生きていたら何を思い何をしていただろう、と考えるようになります。許嫁だった人は既に他の人と結婚していて、それは彼の望むところであったにしろ、戦争がなければ、戦死さえしていなければ、まったく別の未来が待ち受けていたわけですから。そのことを考えたとき、はじめて私は、戦争による「強いられた死」が、いかに残酷なもの、理不尽なもの、不条理なものであり、いかに取り返しのつかないものであるかということを、腹の底から思い知らされたのでした。「私の人生」と呼べるものはそこから始まったような気がします。

　ただし、私は、体験しなければ戦争のことは分からないという体験主義者ではありません。戦争体験の風化が言われてきた中で、遠くで起こっているテロや戦争にも、わがことのように心を痛める豊かな感受性と想像力を身に着けた人を、何人も知っているからです。

歴史への問いかけ　その後、大学に入学した私は、日本の近代史を専攻しました。「取り返しの付かない無数の死」をもたらした戦争への「なぜ」という問いを、歴史に向けて問うてみたかったからです。ただし、私が選んだのは歴史学の王道を行く政治史や社会・経済史ではなく、民衆思想史、あるいは民衆宗教史という、当時誕生したばかりの学問分野でした。「取り返しの付かないもの」をあえて取り返そうと思うなら、戦争を阻止できなかった要因を、戦争を推し進めた側の人たちだけでなく、多くの民衆の心の在りようにまで遡って追及するこ

前口上 ── 読者の皆さんへ

とが、最も大切な課題だと考えたからです。また、高校時代の授業では、ほとんど素通りしてきた日本国憲法、とりわけその「九条」への関心が、私の中でにわかに高まってきたのも、この頃からでした。

　むろん、だからといって私は、悲惨な過去のことばかりを考えて生きてきたわけではありません。人並みに、人生はエンジョイしてきたつもりです。しかし、それが楽しければ楽しいほど、人生を突然奪われた人たちのことが胸をかすめる、というのが私たち戦争経験者に共通した心情だったのではないでしょうか。もっと言うなら、そのことを語り伝えるためにこそ、私たちは生き残ったのだ、という思いです。私たちはみんな、あの戦争の「語り部」にならなくてはいけない、そういう思いです。もちろん、近代の歴史の中には、悲惨な戦争の思い出だけではなく、そこに至るまでのいくつもの心を揺さぶる物語があります。私は、それを語ることこそが、歴史を学ぶもののつとめなのだと了解したのでした。

迫る人類破滅の危機　　しかし、それから半世紀近く、世界の情勢は、そうした個々の努力をあざ笑うかのように、悪化の一途をたどってきました。ベルリンの壁の崩壊により冷戦が終わったと思ったとたん、旧社会主義国で雪崩を打って始まった「自由化」＝資本主義化がかえって新たな緊張を呼び覚まし、全面核戦争による人類破滅の危機は、もはやSF小説やアニメの世界に止まるものではなくなりつつあります。問題なのは、その切迫した状況を生み出しているのは誰なのかということです。日本の場合、対米従属路線や「核の傘」といった考えにその元凶を見ようとするなら、それを推進した政権党、就中その担当者に批判が集まるのは当然でしょう。例えば、1960年、私が初めて安保反対のデモに参加した時のシュプレヒコールは「岸を倒せ！」（岸は当時の岸信介首相）でした。今だったら「安倍内閣打倒！」ですが、私はそれにも異存があるわけではありません。ただ、キシやアベが本当に戦うべき主敵なのかと言えば、そこはちょっと違うのです。

不可思議なねじれ現象　　なぜかと言えば、マスコミの世論調査など

5

を見る限り、九条の改定に反対する人はいつも50パーセントを超えているのに、選挙となると「安倍一強」などという不可思議なねじれ現象が生じて、そのストレスが、憲法そのものを不安定なものにしていると思われるからです。とすれば、そうした投票行動を起こす有権者の意識の側にこそ、問題の核心部分があるのではないでしょうか。つまり、現憲法を旧帝国憲法と隔てている一番大きな違いは、「戦争の放棄」もさることながら、天皇主権（主権在君）に対する国民主権（主権在民）の規定にあり、国政選挙が、それを保証する唯一の機会となっているからです。その意味で、上記のねじれ現象は、主権在民の意識が、まだ国民の中にしっかりと根付いていないことを示しているのではないでしょうか。それだけに、先ごろ実施された普天間基地の辺野古への移設に関わる県民投票で、国の方針に大差をつけて「ノー」を突き付けた沖縄県民の主権意識の高さは、特筆大書すべきものと思われます。

改憲派のノスタルジー　　ところで、政府与党が改憲の論拠としているものの一つに、「今の憲法はアメリカに押し付けられたものだから見直すべきだ」という「押しつけ憲法」論があります。うっかり聞いていると「それもそうだ」ということになりかねないのですが、本当にそんなことが言えるのでしょうか。そもそも憲法、就中九条の改定反対に寄せる国民の願いは、戦争のない平和な社会の実現という一点にあるはずですが、「押し付け」論は、それに不都合を感じている人たちの、形式論理にすがった論点外しのための詭弁にすぎません。むしろ、日米安保体制にしろ、核の傘論にしろ、恥も外聞もなくアメリカの言いなりになってきたのは政府与党の方であり、その彼らが「押しつけ」を口にするのはおこがましいというもの。にもかかわらず、彼らがそれを言うのは、旧帝国憲法や教育勅語に体現されている国家観や臣民観に、止み難いノスタルジーを感じているからに違いありません。

護憲派歴史観の陥穽　これに対して、九条の改憲に反対する人たちが、

新憲法の画期的な意義を強調するためにも、帝国憲法体制下の歴史に対して厳しい見方をとるのはやむを得ないことと言えるでしょう。しかし、勢いの赴くところ、45年の8月15日で歴史を切り分け、それ以前の時代は暗黒面のみを強調し、以後の時代は、新憲法が存在しているだけでなんとかなるという楽観主義（ないしは無関心）を生み出しているとしたら、そこにも、憲法をめぐる今日の危機的な状況の一端が覗いているのではないでしょうか。

現行憲法の眼目は「国民主権」　そこで先に述べた国民主権の問題に立ち返るのですが、まずは念のため、日本国憲法の根本精神を謳った「前文」に目を通しておきましょう。その眼目は言うまでもなく「国民主権」と「戦争の放棄」という二つの柱です。

> 日本国民は…再び戦争の惨禍が起ることのないやうすることを決意し、ここに主権が国民に存することを宣言し、この憲法を確定する。そもそも国政は、国民の厳粛な信託によるものであって、その権威は国民に由来し、その権力は国民の代表者がこれを行使し、その福利は国民がこれを享受する。これは人類普遍の原理であり、この憲法は、かかる原理に基くものである。われらは、これに反する一切の憲法、法令及び詔勅を排除する。

このように、「国民主権」と「戦争の放棄」が共にこの憲法の柱となっていることは疑いありません。このうち「国民主権」は近代国家の要件とも言うべきもので、とくに珍しいものとは言えませんが、「戦争の放棄」の方は、自衛のための戦争を認めるかどうかで見解の違いはあるものの、憲法の中でそれが明記されたのは、やはり画期的なことだったと言えるでしょう。そのため、我々の関心も自ずから九条の問題に集中していくわけですが、強いて、この二本の柱のどちらがより重要かと問われたら、私なら、迷わず「国民主権」と答えるでしょう。なぜなら、「戦争の放棄」は、それだけではただのお題目であっ

て、「国民主権」という制度的な保証があって、はじめてその有効性が発揮されるからです。

歴史家の責任　そうした観点から近代の歴史を紐解いていくと、詳しくはあとの本文で述べますが、そこには、天皇主権という過酷な条件のもとにありながら、その憲法を能うる限り民主的に解釈し、国民主権の実を得ようとする人々の粘り強い戦いのあったことが、はっきりと見えてくるはずです。つまり、新憲法の根幹にある「国民主権」は、先人たちの命がけの戦いの結果として勝ち取ったものであり、「押しつけ憲法論」はそうした事実を故意に無視しようとするものに他なりません。その意味で、45年8月15日は歴史の切れ目ではなく、繋ぎ目だったのです。このことは歴史家の頭の中では常識に属する事柄だと思うのですが、憲法問題という文脈の中では、管見の及ぶかぎり、それが未だ財産目録の中にきちんと登録されておらず、そのことが改憲反対運動の側の歴史認識にも、何らかの影を落としているように思えてなりません。だとすれば、それこそは歴史家が負うべき責任です。（ちなみに、かつて日本の支配下にあった国々の人たちの、日本人の歴史認識に対する批判が絶えないことも、それを自らの恥辱と感じなければならないのは、まずもって歴史家たちだったはずです）。そして、そう言う私も歴史家の端くれならば、その役割を自らに引き受けなければならない。そうした思いから行き着いたのが、この本の刊行だった、という訳です。

東野憲法九条の会　言い出しっぺの弁はそのくらいにして、あとは、この本が成るまでの具体的な経緯について少し補足しておきましょう。いま、憲法九条を守ろうという趣旨のグループが全国に7000近くあるそうですが（そのうちのどれだけが実働しているかは不明）、私の参加している埼玉県新座市の「東野憲法九条の会」もその一つです。私は、講演を聞いたり、学習会に参加したり、署名活動を展開するという伝統的な運動のスタイルをただ踏襲するだけでなく、もっと個々人が自分にふさわしい参加の仕方を見出していくことが、これからはとくに必要なのではないかと考え、会のニュースに、本書と同じタイトルの「も

のがたり〈近代日本と憲法〉」と題する文章を連載してきました。それをもとに、一冊の本にまとめ、読者の方々から意見や感想を頂いて、手を入れては改訂版を出していこう、というのが当初からの私の意図だったのです。

　ところが、ほぼ完成に近づいたとき、私の個人的な作業で、はたして会の枠を超えた多くの読者の要求に応えるようなものになるのだろうか、という不安が胸をよぎります。私は、歴史の勉強を始めた当初の動機からして、いわゆる「専門バカ」になるおそれはないにしても、この試みには、私のこれまでのキャリアにはなかった領域にも踏み込んでいかなければならない面があったからです。

強力な助っ人たち　　そこで、まずは、古くからの友人であり、近現代史、とりわけ軍事史の分野で活躍されている吉田裕氏に協力を依頼し、専門の立場からの意見を求めて、原稿（とくに第一話〜第九話）の細部にわたって修正を加えて貰いました。

　私が彼に注目したのは、その「戦争責任」の問題に対するこだわり、「戦場という殺戮の現場への想像力」「夫や息子の死を「名誉の戦死」として受け入れさせてゆく時代と社会の強大な力に対する想像力」そして「「敵の顔」の中に「人間の顔」を見出してゆくことのできる想像力」の回復（いずれも彼の著書『アジア・太平洋戦争』（岩波新書）の言葉）という問題意識が、本書にとっては欠かせないものだと思われたからです。

　しかし、他方では、自分にも身についているかもしれない研究者としての内向き姿勢を乗り超えていくために、日頃、人々の暮らしに密着したところで憲法の問題に関わってこられた人たちにも、この試みに加わってもらいたいと考えた私は、、富山在住時代に交流のあった４人の友人に、参加を呼びかかました。一人は高校の教師から県議会議員に転進して活躍してきた犬島肇さんで、その政治家としてのキャリアもさることながら、この本の読者にも想定している若い人たちに読んでもらうには、高校教師としての彼の経験が生かせるのではないか、

と考えたからです。

　もう一人の弁護士、山田博さんは犬島さんの高校教師時代の教え子で、戦時中富山の軍需工場不二越で強制労働に従事させられていた韓国人の賠償請求訴訟の主任弁護人をされ、私もその支援組織に関わっていたことから知り合った、大切な友人の一人です。その法律家としての見識も、この本には欠かせないものと考えました。

　3人目の鈴木明子さんは、この本の出版を引き受けていただいた桂書房に長らく勤務されていて、私が母と共著で『ヒロシ君と戦争——わが軍国少年のころ』という本を出したとき、公務で忙しい私に代わって、詳細な注を付けてくださった人です。今は退社されて、地元の九条の会で活動されていますが、なかなかの勉強家で、新憲法の成立事情にも詳しい人なので、是非にとお誘いしました。

　そして四人目の勝山敏一さんは、上記の『ヒロシ君と戦争』を始め、良心的な書物の刊行に生涯をかけてきた熱血漢で、自らも著書を出している得難い人材です。

　幸いこの4人の方々からは快く参加のご返事をいただき、草稿についての意見を伺ったほか、犬島さんには本文の第十話とコラムの、山田さん、鈴木さん、勝山さんにはコラムの、それぞれ執筆を担当してもらいました。

見えてきた課題　こうして立場の異なる市民たちが作り上げた本をどう評価するかは、読者の皆さんにお任せするしかありませんが、私が感じていることを率直に申し上げると、二人の歴史家が主に担当した第一話から第九話までと、富山の市民の方々に自由に書いてもらったコラムとの間には、問題の捉え方や叙述の仕方に落差があり、これはいずれ克服されていかなければならない課題だと思います。しかし、歴史を学ぶものからすれば、そこから気づかされることも少なくありませんでした。

　たとえば、コラムで扱われている戦後補償の問題や沖縄の基地問題なども、筆者にとっては、それこそが憲法の問題なのでしょうが、帝

前口上 ── 読者の皆さんへ

国憲法にばかり目を向けてきた者からすると、そうした見方には何となく違和感を持ってしまう。8.15で歴史を切ってはいけないなどと言いながら、近・現代を一貫した視点から見通すことが、わたしたち自身できていないからに違いありません。

　あるいは、富山大空襲にしても、イタイイタイ病の問題にしても、全体史で取り上げられもするが、筆者たちはあくまで地域に目を据えて捉えようとされている。これに関しては、かつて学界の中でも、全体史の中の個別的な「地方史」ではなく、全体史を構成する不可欠の要素としての「地域史」という視点が強調され、質の高い自治体史の刊行が相次いだ時期がありましたが、その成果は、いわゆる「中央」の史家たちに摘み食いされるだけで終わった感があります。富山の皆さんとの対話を通して、私は、地域史の視点からものを見ることの重要性を、再認識させられたのでした。

　その意味で、この試みが、不十分なものであることを重々承知しつつ、皆さんのご批判を踏まえて、今後とも改善を重ね、また皆さんにまみえる日のあらんことを念じております。(ちなみに、次回は「地域にとって＜近代＞とは何であったのか」というテーマに挑戦してみようという声が、私たちの中ですでに囁かれていることをお伝えしておきます)

　それでは長らくお待たせしました。これからいよいよ「ものがたり〈近代日本と憲法〉」の開演です。

2019年10月15日　　　　　　　　　　　　　　　　小澤　浩

第一話　侍たちが描いた国家構想

　江戸時代も一九世紀に入ると、欧米では「立憲政治」、つまり、主権者が王であれ人民であれ、憲法にのっとった政治が行われていることは、少なくとも蘭学者の間ではよく知られていました。しかし、それが自分たちの課題として意識されてくるのは、1867（慶応3）10月、十五代将軍徳川慶喜が、朝廷に政権を返上した「大政奉還」の前後からです

　慶喜は、津田真道や西 周といった開明的な洋学者たちに、やがて憲法の柱となるべき新たな国家体制に関するレポートを提出させました。両案とも徳川氏が権力の中枢を占めることになっていますが、その下に、上下両院の立法府を設け、上院は万石以上の大名、下院は各藩から選ばれた有為の人材をもって構成することになっていました。要はヨーロッパの議会制を取り入れつつ、権力を慶喜に集中させる絶対主義（君主が絶対的な権力をもって支配する専制的な支配形態。封建国家から近代国家に移行する過渡期に登場した）的な統一国家の構想だったわけです。

　注目すべきは西の案が「大政奉還」の4日後に出されていることで、慶喜はこの時、政権を返上しても、いずれ朝廷はまた自分に政治を任せるに違いないと踏んでいたようです。これは、2か月後の12月、天皇の「密勅」なるものを盾に討幕派（薩長）が企てた「王政復古」のクーデターと、その後の戊辰戦争の敗北によって、未発のままに終わってしまいました。

　それでは、天皇親政を目指す討幕派の方に、しっかりとした新体制の構想があったかと言えば、こちらの方は、武力による討幕に熱心で、幕府さえ倒せば、新体制はあとからついてくると考えていたからでしょうか、殆ど見るべき議論がなかったようです。ただし、一人だけ例外があったとすれば、それは坂本竜馬でした。言うまでもなく、同年の6月、彼が兵庫に赴く船中でしたためたと言われる「船中八策」が

それです。大阪市長の頃の橋下徹さんが唱えた「維新八策」は、明らかにそれをなぞったものですが、果たして、中身も同じなのかどうか、検証してみたいと思います。「船中八策」を現代語に訳すと、ほぼ次のようになります。

第一義　全国から名のある人材を招き（新国家の）顧問になってもらう。

第二義　有能な大名や藩の幹部を選び朝廷の位と身分を与える一方、有名無実の官職を廃止する。

第三義　外国との国交の原則を定める。

第四義　国の法律を定め、新たに恒久的な憲法を定める。国の幹部は皆これに従い部下を統率する。

第五義　上院・下院の議会を設置する。

第六義　海軍局、陸軍局を設ける。

第七義　朝廷・政府直属の軍隊（近衛兵）を置く。

第八義　外国貿易における関税の適正化を図り、金銀物価を安定させる。

　これは、要点のみを記したメモ書きですから、幕府官僚の試案ほど詳しいものではありませんが、内容的には遜色のないものと言っていいでしょう。もちろん、現行憲法下の国家体制と比べれば隔世の感がありますが、当時の歴史的な条件の下で何が可能だったか、という観点から見れば、封建的な幕藩制国家の解体という未曽有の事態の中で、このような自己否定的内容のものを構想しえたということは、少なくとも彼らにとっては画期的なことでした。彼はまた、討幕派ではあれ、取りあえず将軍慶喜を盟主とする考えだったようですが、これは、武力討幕による内戦を避けるためだったと思われます。彼を暗殺したのは誰かという問は永遠の謎と言わなければなりませんが、武力討幕に踏み切った薩長の側だという説が有力視されるのはその為です。

第一話　侍たちが描いた国家構想

　それでは、橋下さんの「維新八策」の方はどうでしょうか。「維新」というのは、もともと中国の「詩経」の言葉で、国家や政治の体制がすっかり変わること、革新されることを意味しています。だとすれば、憲法改正を目指した発議要件の変更を始め、日の丸・君が代の強制など教師の人権を無視した大阪府や市の教育関連条例の法制化、疑問や批判の多いTPPへの参加、対米依存の強化、などを目指したこの「八策」なるものは、「維新」はおろか、歴史を後戻りさせる構想だったと考える他はなく、その志においても竜馬のそれには遥かに及ばないものだったと言わなければなりません。ちなみに、筆者（小澤）が、竜馬や土佐の民権運動家の足跡を訪ねて高知に赴いたとき、ホテルの目覚ましをセットしておいたら、翌朝、「はよう目を覚ませ！日本の夜明けは遠い」という竜馬の声を模した電子音が聞こえてきて、なぜか心に沁みるものがあったのを思い出します。

坂本龍馬

第二話　「五か条の誓文」と五枚の「太政官高札」

　1867（慶応3）年の旧暦12月、「王政復古」のクーデターによって新政府が出来たことは第一話でお話ししましたが、その時の「王政復古の大号令」と呼ばれる宣言文には、新政府に「総裁」「議定」「参与」の三役を置くということのほか、万事は「神武創業の初めに基づく」ということが謳われているだけでした。神武天皇などというのは架空の人物ですから、これでは何も言わないのと同じです。そこで、翌68年旧暦3月14日、明治天皇は御所に公卿・大名らを集め、天地の神々に新しい政治方針を誓約しました。これがいわゆる「五か条の誓文」です。以下に、そのあらましを現代語で紹介しておきます。

　　一、<u>多くの人を集めて公の会議を開き</u>、すべての政治はそこで
　　　　決定しなければならない。
　　二、上の指導者も下の人民も心を合わせて、国の発展に尽くさ
　　　　なければならない。
　　三、役人・兵士から庶民に至るまで、各々の志が実現し、その
　　　　意思が達成できるようにしなければならない。
　　四、これまでの悪い習慣を捨て、世界に通じる価値基準によっ
　　　　て物事を決めるべきだ。
　　五、知識を世界に求め、<u>天皇が治める国家の基礎を固めて、奮
　　　　い立たせねばならない。</u>

　一条目の下線部分は、原案では「列侯会議ヲ興シ」となっていました。列侯というのは旧大名たちのことです。会議という言葉がすでに諸侯（大名）のものと了解されていたので、その意味をぼかすために木戸孝允が「列侯」を「広く」と改めたのだと言われています。つまり解釈の余地を残したわけです。あとは取り立てて言うほどのもので

第二話 「五か条の誓文」と五枚の「太政官高札」

はありませんが、五条目の下線部分（原文は「大ニ皇基ヲ振起スベシ」）は、少なくとも当時の民衆意識とはかけ離れたものでした。当時の天皇の存在は、「振起」つまり奮い起こさなければならないほど庶民には馴染みが薄かった

神前で誓文を読み上げる三条太政大臣。右は明治天皇。

ので、「天子様というのは天照大神の子孫で、この世の始まりから日本の主だった。正一位稲荷大明神などという各地の神様の位も天子様が許されたもので、神様より偉いお方なのだ」（奥羽人民告諭）ということを、政府が地方の民衆にわざわざ説明しなければならなかったほどです。その意味で、近代の天皇制は、伝統的なものというより、明治の「元勲」たちが人為的に創り出したものだと言ったほうがいいでしょう。

また、この「誓文」は、はじめ、天皇と公卿と諸侯とがお互いに誓い合うという形式だったのが、木戸の提案で明治天皇が公家や諸侯を率いて神々に誓うという形に改めたのだといいます。人民に誓うなどという形は露ほども考えなかったようです。ところが、敗戦後の1946年、昭和天皇がいわゆる「人間宣言」（「新日本建設に関する詔書」）を行ったとき、その冒頭にこの「五か条の誓文」が麗麗しく引用されていました。作文をした人の歴史認識がその程度のものだったということですが、起草にあたった木戸孝允が、岩倉使節団の欧米旅行に同行した際、わずか4年前に自分が起草した「誓文」について人から聞かれて、すっかり忘れていたというエピソードが残っています。いかに本気ではなかったかということでしょう。笑える話です。

それはさておき、「五箇条の誓文」が出たその舌の根も乾かぬ翌日の3月15日、政府は、人民が守るべき事柄を定めた太政官の5枚の掲示

17

つまり当時の政府の高札を立てました。これは、政府の基本方針を内外に示した「五か条の誓文」とセットになっていると理解すべきものですが、その内容は、「五か条の誓文」とは対照的に、人民に対して極めて厳しいものとなっています。つまり、こちらの方に政府の本音があって、誓文の方はあくまで建前だということが容易にうかがえるわけです。その内容はおよそ次のようなものでした。

　第一札
　　一、人は五倫の道（父子、君臣、夫婦、長幼、朋友の守るべき道）をまもるべきこと。
　　二、老人で妻の無いもの、夫の無いもの、幼くて父の無いもの、老人で子供の無いもの（いわゆる四窮民）を憐れむべきこと。
　　三、人を殺し、家を焼き、財を盗むなどの悪業をいたすまじきこと。
　第二札
　　徒党、強訴、逃散などの禁止。違反者を届け出れば褒美が与えられる。
　第三札
　　切支丹邪宗門は固く禁止。不審者を役所に届け出れば褒美が出る。
　第四札
　　外国との交際は万国公法に従うこと。外国人を殺したり暴行したりすることの禁止。
　第五札
　　日本人の本国脱走の禁止。

　第一札の一番目は江戸時代の封建道徳をそのまま引き継いだものです。二番目も孟子の教えに由来するものですが、とくに異を唱える必要はないでしょう。三番目は今でも当然のことです。第二札は江戸時代の民衆の抵抗運動への抑圧をそのまま踏襲したもので、新政府の民

第二話　「五か条の誓文」と五枚の「太政官高札」

太政官の五枚の掲示

衆支配の原則が幕藩制時代と何ら変わりのなかったことを示しています。違反者を届け出れば褒美が貰えるというのも江戸時代の踏襲です。ちなみに、この年には武蔵の地方一帯で大規模な「武州一揆」が起こっており、政府が厳しい弾圧をもって臨んだことも記憶に留めておかねばなりません。第三札の切支丹邪宗門の禁止も江戸時代そのままですが、外国の公使らがキリスト教は邪宗門ではないとクレームを付けたため、以後切支丹と邪宗門の間には点が打たれることになりました。第四札の外国人殺傷の禁止は、尊皇攘夷の余燼がまだくすぶる中、外国人へのテロ事件があとを絶たないので、頭を痛めていた政府が、こういうものを示すことで、外国にアピールする目的もあったものと思われます。

　このように「五箇条の誓文」も「五枚の高札」も、文字通り場当たり的な対応でしかなく、問題だらけの帝国憲法でさえ、それが成立するのは22年も先のことでした。しかし、いわゆる「御一新」が夢・幻であることを見抜いた人々の中から、徐々にではあれ、憲法の制定を求める機運もまた芽生えつつあったのです。

19

第三話　自由民権運動と私擬憲法

1．植木枝盛の「日本国国憲案」

　明治政府は、1871（明治4）年、政府の要人らを中心とする大がかりな使節団（いわゆる岩倉使節団）を欧米諸国に派遣しました。主目的である不平等条約の改正交渉は失敗に終わりましたが、彼らがそこで見聞した事柄は、良きにつけ悪しきにつけ、その後の近代国家建設に大きな影響を与えました。訪問した国々の多くはすでに憲法を持ち、いわゆる立憲政治が行われていたので、使節団の面々は、憲法制定も避けられない課題の一つとして記憶に留めたことでしょう。

　ところが、彼らが2年ぶりに帰国した日本では、思いがけない事態が待ち受けていました。欧米使節団の留守中政府を預かっていた西郷隆盛、板垣退助、後藤象二郎らが、対朝鮮強硬政策（「征韓」論）を唱えて、韓国に西郷を派遣することに決めていたからです。帰国組の岩倉具視、大久保利通、木戸孝允らは、内治優先を唱えてこれに反対しますが、留守中西郷らに移りかけていた主導権を奪還したいというのがそのホンネだったことは疑いありません。こうして政府部内の意見が二分されるという深刻な事態となったわけですが、結果だけを言えば、西郷、後藤、板垣ら征韓派の人たちがこの政争に敗れ、一斉に政府の要職を辞して野に下ることになりました。1873（明治6）年のことです。

　もちろん下野組の主だった面々は、そのまま矛を収めるつもりはなく、翌74年、直ちに行動を開始します。ただし今度は「征韓論」を掲げてではなく、「民撰議院設立建白書」というものを政府に提出し、民撰の国会の早期開設を強く迫ったのです。もっとも、民撰とはいえ、参政権はまず「維新の功臣」である士族、豪農・豪商層から、というのが彼らの当初の考えでした。そこに彼らの限界を見るのは容易です

20

第三話　自由民権運動と私擬憲法

が、その後に相次いだ「不平士族」の反乱、とりわけ西郷が指揮を執った西南戦争（77年）の末路を見るとき、板垣らが「言論の力」で問題解決を図ろうとしたこと、国の政治は有司（政府高官）の独占物ではなく、国民の選んだ代表の議論によって行われるべきもの、と言う考えを国民の間に浸透させていったことは、正当に評価されねばなりません。これが「自由民権運動」の始まりと目されているのはそのためです。

その後、土佐の「立志社」をはじめこの運動を支える政治結社が全国各地に生まれ、その担い手も、武士から農民や都市市民へと、燎原の火のごとくに広がっていきました。それと同時に、彼らの掲げる要求も、国会開設だけではなく、「地租」（土地税）の軽減、不平等条約の改正など、国民的な重要課題を加えていきますが、憲法の制定もむろんその一つでした。とくに、1880（明治13）年、民権結社の全国組織である「国会期成同盟」が、その第2回大会で、各政社に対し「憲法見込案」の起草を求め、翌年の大会までに持参することを決議すると、各グループや個人からこれに呼応するものが次々に現れました。このようにして民間で起草された憲法草案は「私擬憲法」と呼ばれていますが、その数は、今日知られているだけでも30数種類に及んでいます。

私擬憲法草案の内容は千差万別ですが、一般的な特徴としては次の点を挙げることができます。

①主権在民、または君民共治（君主と国民を代表する議会が共同で政治を行う）を基本とする。
②二院制が一般的だが、下院に優先権がある。
③下院の選挙資格は、一定の条件を満たす男子に限る。（この辺りが彼らの限界であり、歴史の限界でもあったと言えるでしょう）
④法律の枠内で人権を大幅に保障する。

これら私擬憲法草案の中で、最も民主的な内容を盛り込んでいたの

は、自由民権運動の理論的な指導者の一人としてその名をとどめる土佐の植木枝盛が起草した「日本国国憲案」でした。

植木はすでに、その著『民権自由論』(1879)の中で、「国のもとであ

植木枝盛（1857-1892）　「日本国国憲案」の一部

る人民の自主・自由と、その国の大綱となる憲法との二つが備わってこそ、国の安全も繁栄も可能になる」と、憲法制定の重要性を訴えていました。上掲の写真の右側は、その草案にある国民の基本的人権についての条項の一部を写したものです。ご覧のように、ここには、国家権力の国民に対する横暴を想定したかのように、それを阻止しようとするきめの細かい条項がいくつも提示されています。とくに私たちの目を引くのは、「政府が憲法に違反した場合、人民はそれにしたがう必要はない」(70条)とか、「政府高官が圧政を行う時は、人民はこれを排斥することができる。政府が気ままに暴力をふるう時は、国民は兵器をもってこれに抵抗することができる」(71条)など、いわば国民の「抵抗権」や「革命権」まで保障している点です。ちょっと穏やかではない、と思う人もあるかもしれませんが、実際暴力による支配も辞さない国家権力に対し、予めそれに歯止めをかけておこうというのが、植木の狙いだったと思われます。その意味では、まさに「専制的な権力を制限し、国民の権利を擁護する」という近代憲法の本来の精

第三話　自由民権運動と私擬憲法

神に則ったものだったと言えるでしょう。しかも、これは今から130年以上も前の、近代社会がようやく呱々の声を上げたばかりのことでした。それを思うと、「憲法が制限しているのは国民の権利だ」と考えている国政担当者もいる私たちの現状は、当時の先人たちに顔向けのできないものと言わなければなりません。

　ちなみに、植木枝盛は、民権運動の理論的な指導者と言っても、知識人相手の内向きの議論ばかりではなく、国民大衆に直接働きかけていくことを常に重視する人でした。たとえば、当時多くの人々に歌われた「民権数え歌」というのも、そうした意図から彼が作ったものです。ちょっとその一節を紹介しておくと、こんな具合です。

　　　一ツトセー　人の上には人はない　権利にかわりのないからは
　　　　　　　　　コノ同等よ
　　　二ツトセー　二人三人の心から　我儘勝手な政事　コノ圧制よ
　　　三ツトセー　道に悲しい自由論　とめ立てするほど猶起こる　コ
　　　　　　　　　ノ反動で
　　　六ツトセー　昔ゆかしき亜米利加の　革命騒ぎを知らないか　コ
　　　　　　　　　ノ勇ましさ
　　　七ツトセー　七度この世に生まれ来て　払わでやむべき圧政を
　　　　　　　　　コノ執念くも
　　　九ツトセー　苦情の種まき誰がした　みんなおのれの心から　コ
　　　　　　　　　ノ考えよ
　　　十トセー　　どうせ一度は力ずく　蓆の旗をば担ぎ出せ　コノや
　　　　　　　　　っつけろ

　内容的には雑なところもありますが、明治の人たちのパワーが伝わってきます。

2．草の根の憲法構想——「五日市憲法草案」

　今から45年ほど前の1968（昭和43）年、歴史家の色川大吉さんらの研究グループが、東京奥多摩の五日市町（現あきる野市）にある旧家深沢家の土蔵から、約１万点に及ぶ史料を発見しました。史料は幕末から近代にかけての山村の実情を伝える貴重なものばかりでしたが、中でも人々が眼を見はったのは、明治14（1881）年に起草された私擬憲法草案でした。それは、内容的に、最も民主的とされる植木枝盛の「日本国国憲案」と比べても、全く引けを取らないものであり、しかも、それが名だたる民権家や民権結社のものではなく、名もない山村青年の学習グループが議論を重ね、衆知を集めて生み出したものだったからです。

　条文は全部で204箇条から成っていますが、これは旧帝国憲法の約３倍、現行憲法の約２倍の量に当たり、とくに「国民の権利」を規定した35箇条を含む「公法」と「立法」関係の条文だけで全体の半分以上を占めるという、人民の立場に深い配慮を示したものでした。注目すべき条文は沢山ありますが、次にその一部を現代語に要約して紹介しておきます。なお原文では「条」の語が略されているので、ここでもそれに従っておきます。

　　45　日本国民は、各々の<u>権利自由</u>を実現し、他者がこれを<u>妨害し</u><u>てはならない</u>。
　　46　日本国民は、身分や地位によらず<u>法の前に平等の権利</u>を持つ。
　　49　日本に住む人民は、外国人も含めて<u>身体生命財産名誉を保護</u>される。
　　51　日本国民は、法を守る限り検閲を受けず<u>自由に意見を述べ</u>、著述し、出版し、また討論演説してそれを<u>公にすることがで</u><u>きる</u>。
　　56　日本国民は、どのような<u>宗教</u>であれ、それを信仰するのは<u>個</u>

第三話　自由民権運動と私擬憲法

　　　　人の自由である。

58　日本国民は、国禁を犯すことなく平穏に結社集会する権利を
　　持つ。

59　日本国民の信書の秘密は犯してはならない。

71　国事犯（国の政治上の秩序を犯す犯罪）のために死刑を宣告される
　　ことはない。

74　日本国民は、（国防のため）その財産に比例して国家の負担（公
　　費租税）を助ける責任を免れない。皇族といえども税を免除さ
　　れることはない。

76　子弟の教育においてその学科目編成や教授法は自由とする。
　　小学校の教育（義務教育）は父兄の責任とする。

77　（前略）府県の自治を干渉妨害してはならない。その権域は国
　　会といえども侵してはならない。

78　民撰議院は法によって定められた規定に従い直接選挙によっ
　　て選ばれた代民議員をもって構成される。

86　民撰議院は行政官の発議したものを討論し天皇の発議したも
　　のを改ざんする権利を持つ。

　このほか国民の基本権に関わるような条文は沢山ありますが、上記
のものを一見するだけでも、この草案がいかに国民の立場に立って書
かれたものであるかがお分かりでしょう。もちろん冒頭を飾る第一篇
の「国帝」（天皇）に関する条文には、他の憲法草案と同様にけっこう
気を遣っており、そうした配慮もあながち彼らの心情に背いたもので
はなかったと思われますが、そうすることで国民の権利を実質的に防
護する意図も多少はあったに違いありません。ちなみに逐条的に見て
いけば問題も含む「国帝」の条文ですが、「帝位相続」に関しては「皇
族に男子がいない時は天皇に最も近い女子をもってこれにあて、その
配偶者は帝権に関与することができない」（六）という、今の皇位継承
の議論にも一石を投ずるような一項が含まれていたことを申し添えて

25

おきます。

　ところで、天皇条項など、時代的な制約を持つ側面を除けば、今日の我々が享受する憲法と殆ど遜色のない民主的な憲法草案が、なぜ、文化的な後進地とも見られがちな山村の人々の中から生まれることができたのでしょうか。その背景について少し見ておくことにしましょう。

　五日市の地域は地図で見ると、東京都とは言っても、JR五日市線の終点駅を中心に奥多摩の山すそにへばりついたような小さな町ですが、1879（明治12）年ごろから東京の嚶鳴社と呼ばれる民権結社の影響を受け、自由民権の思想が浸透しつつありました。影響とはいえ、受け身的なものではなく、土地の青年らが東京に出かけて行って自由の息吹に触れ、これを持ち帰って自発的に展開したものでした。その気運の中から、80年４月頃に「五日市学芸講談会」という学習結社が生まれます。発足当時の会員は39名で、内、大地主が３，４名、あとは中農が占め、中には土地の無い人もいたと言います。また年齢構成で言うと、その４分の３が20代以下の青年で占められていました。

　講談会は通常月に三回開かれ、そこでは狭い意味での民権思想に限らず、日常生活に関わる様々なテーマを掲げて活発な討論が行われました。その中心的な担い手の一人、深沢家の権八の残した手記の中には、63の討論の題目を記したものがあります。一例を挙げると「自由を得る道は知力にあるか腕力にあるか」「貴族は廃止すべきか否か」「贅沢品に重税を課すことの利害」「増税の利害」「女性の戸主が政権を得る利害」「憲法は国民が決めるのか国王が決めるのか」「議会は一院制と二院制のどちらがいいか」「女帝を立てることの可否」「衆議院議員に給料を払うべきか否か」「死刑は廃止すべきか否か」「人民に武器を与えてよいか」など興味深いものばかりで、中にはいまの我々にもドキリとさせられるものがあります。とくに初めから結論を持ち込むのではなく、あくまで「是」と「非」を問うているところに彼らの柔軟な思考態度が窺われます。もって私たちも範としなければなりません。

第三話　自由民権運動と私擬憲法

　こうした討論のあとを見ていくと、五日市憲法草案に反映されているものも少なくなく、この草案が「学芸講談会」の活動を抜きにして語れないものであったことを示しています。

　もちろんそれを纏めていくには、それだけの力量を持った指導者の存在が欠かせません。その一人は言うまでもなく、深沢権八その人でした。彼はこの当時まだ二十歳を過ぎたばかりの青年でしたが、その広い識見と変革への情熱によって、早くからリーダーとしての衆望を集めていました。

深沢家の土蔵

深沢権八

　そしてもう一人は、仙台藩の出身で、様々な遍歴をへたのち五日市に定住し、五日市勧能学校に勤める傍ら、同地における政治運動や文化活動の一翼を担っていた千葉卓三郎という人物です。深沢と千葉は深くお互いを信頼し、学芸講談会を始めとする諸活動を支えてきましたが、憲法草案を巡る議論をまとめ上げて、「五日市憲法草案」を最終的に起草したのはこの卓三郎でした。彼は自らの住所を「自由権（県）下不羈郡浩然気村、貴重番智（地）、不平民」と書き残しています。「不羈」とは束縛されない自由を意味し、しばしば「独立」と対に用いられます。浩然の気というのは万物の生命や活力の源、おおらかな心。

「地」に「智」を用いているのは福沢諭吉の『学問のすすめ』と同じ心か。そして「平民」をもじった「不平民」とはまさに言いえて妙です。明治の青年たちの中には、こうした政治的な主張を巧みなユーモアにくるんで訴える人がよく見受けられますが、ユーモアとは精神のある種のゆとり、平静心がもたらすもの。ともすれば悲観的になりがちな私たちの諸種の運動にもあっていいものの一つかもしれません。

千葉卓三郎の筆跡

第四話　「帝国憲法」への道のり
——はじめに「欽定憲法」ありき

　さて、ここからはいよいよ、今日の民主的な「日本国憲法」に何か
と対比される、かつての「大日本帝国憲法」（俗に「帝国憲法」、「明治憲
法」とも呼ばれる）がどうやって成立したのか、それはどういう特徴を
備えていたのか、という問題に話を移していきたいと思います。

　時は、また少しさかのぼりますが、第一話のところで見て頂いたよ
うに、坂本竜馬の「船中八策」にはすでに憲法の制定がうたわれてお
り、1871年に維新政府が派遣した「遺欧使節団」の面々も、欧米の立
憲政治が行われている国々の実態を目の当たりにしてきて、文明開化、
富国強兵の近代国家を築くには、憲法の制定が避けられない課題だと
いうことを、心に刻んでいたに違いありません。

　しかし、それが公の議論となるきっかけを作ったのは、いわゆる「征
韓論争」に敗れて政府を去った板垣退助らが、1874（明治7）年、政府
に「民撰議院設立建白書」を提出し、国会の開設を迫ったことでした
（この辺りの事情については、第三話のはじめの部分の記述をご参照ください）。こ
れに対し、翌75年、政府と在野勢力の対立を避けようと、木戸孝允、
大久保利通、板垣退助らが大阪で会談し（大阪会議）、その決定に基づ
いて同年、明治天皇の名による「立憲政体の漸次樹立」の詔が発せ
られ、新たな立法機関として創設された元老院でこれを審議すること
になりました。

　そこで元老院では、欧米諸国の憲法を参照し、「君民共治」（君主と
人民を代表する議会とが共同で政務を担うこと）を基本理念とする国憲案を
起草しましたが、立憲制に消極的な岩倉具視や伊藤博文らの政府要人
が反対したため、結局、採用には至りませんでした。ところが、1881
（明治14）年、同じ政府部内で、かねてからイギリス流の議会政治の採
用と国会の早期開設を考えていた大隈重信と伊藤との対立が表面化し、

事態は思わぬ方向に発展します。

　というのは、この年、北海道開拓使（北海道とサハリン（樺太）の開拓事業推進のため1869（明治2）年に設けられた政府機関）が事業を終結するに際し、その施設等の官有物を不当な廉価で民間の政商に払い下げるという方針が打ち出され、国民の批判が高まり、大隈もこれに強硬に反対して、政府部内の対立が一層深刻化したからです（北海道開拓使官有物払下げ事件）。これに対し、伊藤やその腹心らは、大隈の排除と民権運動の分断を謀って、天皇に働きかけ、天皇臨席の御前会議で、「立憲政体」に関する方針、「開拓使官有物払下げ中止」を決めるとともに、それと引き換えの形で「大隈重信の罷免」を決定（明治14年の政変）、翌日、10年後の明治23年を期して国会を開設し、その前に憲法を制定するという天皇の詔勅が発せられて、さしもの大事件もようやく落着をみることになったのです。後の帝国憲法を作った人たちが天皇大権にこだわったのは、こうした天皇の権威という「伝家の宝刀」を抜くことで有無を言わさぬ状況を作ることに味をしめたからではないか、と思われます。いずれにせよ、10年先の話とはいえ、ここで政府が憲法制定に踏み切らざるをえなかったのは、権力内部の矛盾をめぐる駆け引きという要因だけでなく、前回もお話ししたように、同じころ、「国会期成同盟」の呼びかけに応じて様々な憲法草案が民間から輩出し、国民の関心が急速に高まるという状況があったからだということも、忘れてはならないでしょう。

　その後、大隈という目の上の瘤がなくなったことで、憲法草案の起草に向けての作業が本格化し、まず、伊藤が憲法調査のためドイツやオーストリアに派遣され、帰国後、政府の官僚として頭角を現していた井上毅（14年の政変のシナリオは彼によって書かれたと言われる）らが伊藤のもとで基本構想を練り上げていくことになりました。その際、伊藤や井上がとくにプロシア（のちのドイツ）の憲法をモデルにし、グナイストやロエスレルといったドイツ人法学者の意見を重用したのは、当時のプロシアが君主権の強い国家だったからだと考えられます。

第四話 「帝国憲法」への道のり

　あとの具体的な経過については煩瑣になりますので省略しますが、簡単に言えば、1887（明治20）年、伊藤の別荘があった神奈川県横須賀の夏島で、井上らをまじえたワーキンググループがようやく叩き台となる憲法草案をまとめ上げ（夏島草案）、いく度かの修正を経て、翌年、草案審議のために創設された「枢密院」で審議に付されることになりました。なお、これに先立って、伊藤は、全国の地方長官を招集し、憲法の「天皇親裁」（天皇が自ら裁決を下すこと）に異議を唱えるものの弾圧、外交を国民の議論に徴せず「帝王主権」に人民を導くことなどを訓示しています。ちなみに、当時、県知事などの地方長官は選挙ではなく、内務省官僚の任命制でした。

　そこで、話を枢密院の問題に戻しますと、この枢密院は、天皇の最高の諮問機関として位置付けられ、17人の枢密顧問官で構成されていました。そのメンバーの殆どは薩長土肥の藩閥勢力で固められていました。議長には初代の首相だった伊藤博文が、その職を黒田清隆に譲って就いています。その意気込みのほどがうかがわれます。彼が、この枢密院を、天皇のための諮問機関としたのは、国民からの意見や批判を封じ、あくまで「欽定憲法」（天皇が自ら制定する憲法）の立場を貫くためであったと言えます。

　枢密院では、天皇臨席のもと、まず「皇室典範」（天皇や皇室の在り方について規定した法律）が、次いで「憲法草案」が審議されました。その冒頭で、伊藤は、ヨーロッパではキリスト教が立憲政治の基軸になっているが、我が国にあっては仏教や神道にその力はなく、「基軸とすべきは独り皇室あるのみ」と述べたそうです。伊藤らがこの憲法に何を期待していたかが、如実に示されています。その後の審議過程では、種々の意見がありましたが、そのほとんどは字句の修正に関するものでした。ただし、原案では政府だけに認められていた法律案の提出権を議会にも認めさせ、貴族院の予算審議権を衆議院にも平等に与えさせたことだけは、評価できる点と言えるでしょう。

　こうして、約6ヶ月に及んだ審議は終結を迎えた訳ですが、この間、

伊藤博文　　　　　　枢密院会議

草案の中身や審議経過が外部に漏れるのを恐れ、機密の保持に神経をとがらせて、議案はもちろん、各顧問官が自分のメモを持ち出すことさえ厳禁した程であったといいます。こうして国民の目も耳も口も塞いでできた憲法は、一体誰のための、何のための憲法だったのでしょう。次回は、成立した帝国憲法の中身に即してそのことを考えてみたいと思います。

第五話 「万世一系ノ天皇之ヲ統治ス」
——大日本帝国憲法の制定

　1989(明治22)年2月11日、懸案だった憲法がようやく発布されました。いわゆる「大日本帝国憲法」です。あとの写真で見るように、宮中正殿で行われた発布式は、天皇が憲法を首相の黒田清隆に授けるという形で行われました。まさにこの憲法が、天皇が自ら決めて国民に与えた「欽定憲法」であることを、式典においても演出して見せたわけです。この2月11日というのは、『日本書紀』の中で、初代とされる神武天皇が即位した日となっていることから、明治政府が1873(明治6)年に「建国の日」と定め、後に「紀元節」として行事化されたものです。ですから、この日を発布の日に選んだのは、近代国家として憲法を定めても、神武天皇を起源とする日本の「国体」は全く変わらないのだということを、内外に向けて鮮明にするためでした。

　ちなみに、戦後の1966年、改めて「建国記念の日」を設けるとき、2月11日を主張する政府・自民党案に対し、それは戦前の天皇制体制を引きずるものだとして、例えば日本が平和国家としての再生を誓った8月15日の終戦の日にしたら、などの対案が出されて論議を呼びましたが、結局政府案で押し切られた、という経緯があります。フランスの革命記念日、アメリカの独立記念日、アジアやアフリカの植民地

憲法発布式の図（井上探景図）

支配からの解放記念日などと、歴史的には全く根拠のない神話上の、しかも君主（＝支配者）の即位日を建国記念の日とした我が国の場合とを根本的に隔てているのは、そこにおける人々の歴史認識の違いでしょう。ここで私の言う歴史認識とは、歴史上の出来事で「忘れてはいけないことは、良いことでも悪いことでも、決して忘れない」ということです。だから私たちは国民主権を否定する内容を持つこの日を、いつまでも忘れないつもりです。

　肝心なのはその中身ですが、ここでは全体で7章76条に及ぶ全文について取り上げる余裕がないので、とくに重要と思われる箇所に絞って検討したいと思います。

　この憲法発布と同時に発せられた勅語（天皇がその意思を直接国民に伝える文書）の冒頭は次の一文で始まっています。「…朕（ちん＝私）が祖宗（そそう＝天皇の始祖と歴代天皇）に承けるの（から受け継いだ）大権（天皇の統治権）に依り…臣民に対しこの不磨（ふま＝永久不変）の大典を宣布す」。短い文章ですが、ここにはこの憲法の基本的な性格が余すところなく示されています。この「天皇大権」というものを具体的に示したのが第一章の「天皇」の条項です。（なお、「臣民」という言葉は、勅語によく出て来る「爾臣民（なんじ）」などというフレーズとともに、戦前の教育を受けた人にとっては馴染みの深いものですが、要は、天皇・皇族以外の国民のことを指しています。「臣」というのは、その中でもとくに君主に仕える者のことですが、それをさらに「民」と分ける意識が「臣民」と言う言葉を生み出したのでしょう。今日の「大臣」という呼称に、私たちは、その名残を見ることが出来ます）。

第一条　大日本帝国ハ万世一系ノ天皇之ヲ統治ス

　これはこの憲法の大前提である主権在君の立場を端的に述べたものですが、「万世一系」、つまり王権が同一の血統によって継承されてきたのは日本の皇室だけだという考え方は、その支配の正当性を根拠づけるものとして、繰り返し強調されてきたものです。（「一系」説については、歴史的事実の問題として、早くから否定的な見解がありますが、私（小

澤）にとって、それより説得的だったのは、学生時代に恩師の一人がよく言っていた次の言葉でした。「系図なんて上から降っていくと無数に枝分かれしていくが、下から遡って行けば犬でも猫でもみな万世一系」。昔だったら即「不敬罪」ですが、いまだって相手によってはヤバイ言葉かもしれません。でも言い得て妙だとは思いませんか）。

第三条　天皇ハ神聖ニシテ侵スベカラズ

　これは読んで字のごとく、天皇は神＝現人神であるから、これを侵犯するような言動があってはならない、ということです。上記の「不敬罪」の根拠となるもので、第２次大戦後、廃止となるまで、治安維持法と共に思想弾圧の武器として猛威を振るったものでした。西欧の絶対主義王朝の時代には「王権神授説」（王権は神から授かったとする説）がありましたが、生身の君主をそのまま神とする憲法を持った国は、日本以外に類例の無いものでした。

第四条　天皇ハ国ノ元首ニシテ統治権ヲ総攬（一手に掌握）シ此ノ憲法ノ条規ニ依リ之ヲ行フ

　「元首」というのは、国を代表する君主や大統領のことで、その権限は国によって異なりますが、ここでは「統治権を総攬」とあるから、そのすべてを天皇が一手に掌握する、ということになります。「此ノ憲法ノ条規ニ依リ」という文言は、天皇の行為を制限するものだとして、そこにこの憲法の立憲主義的な性格を見ようとする人もいますが、これについての私見はあとから述べることにします。

第五条　天皇ハ帝国議会ノ協賛ヲ以テ立法権ヲ行フ

　国家の統治権はふつう立法・司法・行政の三権から成り、近代以降の国家では概ね三権分立が建前となっていますが、ここで触れられているのはその内の立法権についてです。下線部分の「協賛」という言葉は帝国憲法下で「天皇に対し必要な意思表示を行うこと」ですが、

これを天皇の行為を制限するものと見るかどうかは微妙です。司法権については第五章第五十七条で「司法権ハ天皇ノ名ニ於イテ法律ニ依リ裁判所之ヲ行フ」となっています。ここでも「天皇ノ名ニ於イテ」という文言の意味は明確ではありません。行政権については現行憲法の場合、第五章「内閣」の項で詳しく扱われていますが、帝国憲法では特段「内閣」についての項目がなく、わずかに第一章第十条で「天皇ハ行政各部ノ官制及文武官ノ俸給ヲ定メ及文武官ヲ任免ス」とあり、第四章国務大臣及枢密顧問の第五十五条で「国務大臣ハ天皇ヲ輔弼（＝助言）シソノ責ニ任ズ」とあるのみで、行政権は未だ天皇大権の中に埋没している感があります。その意味では立法権についても司法権についても最終的には天皇大権に収れんしていく、というのが帝国憲法の基本的な性格だったと言っていいでしょう。

　第一章の中でもう一つ重視しなければならないのは、天皇の軍事的性格です。

　　第十一条　天皇ハ陸海軍ヲ統帥（統率・指揮）ス
　　第十二条　天皇ハ陸海空軍ノ編制及常備兵額ヲ定ム
　　第十四条　天皇ハ戒厳（戦時や非常時の際、立法・行政・司法の権限を
　　　　　　　軍隊に委ねること）ヲ宣告ス

　上掲の第四条が、天皇の「元首」＝政治的な支配者としての性格を規定したものだとすれば、第十一条の「統帥」権への言及は、天皇の軍事的な支配者としての性格を規定したものでした。この場合天皇は「元首」と区別して「大元帥陛下」と呼ばれていました。1945年の終戦時までの天皇の肖像写真（いわゆる御真影）が概ね勲章やモールを着けた軍の礼服姿で写っているのは、そのことを印象付けるためだったと思われます。この場合の統帥権は、内閣や議会などが関与できないことになっていたので、実質的にその役割を担ったのは軍部でした。戦

第五話 「万世一系ノ天皇之ヲ統治ス」

争体制下で軍部が独走していったのもそのためです。

第十四条の「戒厳」令の具体例としては 1936（昭和11）年の「二・二六事件」の際の発動がありますが、ここではそれが、消極的ながらこの憲法でさえ認めている国民の諸権利を侵害するものであり、それを軍隊に委ねることで、結果的に却って軍部の独走に拍車をかけることになった、という点を指摘するに止めておきます。

第二章の「臣民権利義務」は15箇条から成っていますが、現行憲法の第三条「国民の権利及び義務」はその倍の30箇条に及んでいます。主権在君と主権在民の両憲法の違いを如実に反映したものと言えるでしょう。前者は臣民の義務規定から始まっていますが、その冒頭を飾っているのが「**兵役ノ義務**」（第二十条）というのもこの憲法の著しい特徴と言えるでしょう。1873（明治6）年に発布された徴兵令を憲法上に反映させたものですが、私たちは戦争を前提としたこの徴兵制こそ、二度と許してはならないものとして、不断の注意を払っていく必要があると思います。

国民の「権利」に関する規定の主なものとしては、「**移住及移転ノ自由**」（第二十二条）、「（私的な）**逮捕監禁審問処罰**」等の否定（第二十三条）、「**裁判官の裁判ヲ受クルノ権**」（第二十四条）、臣民の「**所有権**」（第二十七条）、「**信教ノ自由**」（第二十八条）、「**言論著作印行集会及結社ノ自由**」（第二十九条）、臣民の「**請願権**」（第三十条）などがありました。しかし、「信教の自由」については「安寧秩序ヲ妨ゲズ及臣民タルノ義務ニ背カザル限ニ於テ」といった条件が付されていたほか、他の全ての条項についても「法律ノ範囲内ニ於テ」とか「法律ニ定メタル場合ヲ除ク外」といった但し書きが付いており、それによって実質上の制限を受けることが少なくありませんでした。むろん、個別的、恣意的に発せられる「法度」によって支配されていた江戸時代に比べ、まがりなりにも国民の権利がこの憲法に書き込まれたことは、それとして評価されなければなりません。その場合、プロシアの憲法をモデルにし

たこの憲法に、自由民権運動が生み出した先述の「私擬憲法草案」の直接的影響を見ることはできませんが、少なくともこの「権利義務」の条項に関する限り、人民の基本権を重視した私擬憲法草案が、その実現方に無形の圧力を加えていたであろうことは、想像に難くありません。

　第三章は「帝国議会」に関する諸規定ですが、ここでは現行の憲法に照らして著しく異なる条文のみを取り上げておきます。

　　　第三十三条　帝国議会ハ貴族院衆議院ノ両院ヲ以テ成立ス
　　　第三十四条　貴族院ハ…皇族華族及勅任セラレタル議員ヲ以テ組
　　　　　　　　　織ス
　　　第三十五条　衆議院ハ…公選セラレタル議員ヲ以テ組織ス

　ご覧のように一応二院制をとっており、両院の権限はほぼ同等とされていましたが、貴族院の議員は公選ではなく、①一定の年齢を満たした皇族、②公侯伯子男の夫々の爵位に応じた条件を満たす華族、及び、③国家に功労ある者または学識ある者と多額納税者の中から天皇が任命した勅任議員の三者から構成されていました。一見して分かるように、これは当時の特権階級の利益を代表するもので、今日の公選制による参議院とは全く異なるものでした。また、衆議院も公選とはいえ、選挙法によって25歳以上の男子で、直接国税15円以上納入の者に限られていたので、国民の総意を反映するには程遠いものだったと言わなければなりません。

　　第四章の「国務大臣及枢密顧問」のところは２箇条のみですが、そのうち天皇に対する国務大臣の輔弼の責任について規定した第五十五条に関しては先に述べた通りです。もう一つの**第五十六条**は枢密顧問に関するもので「**枢密顧問ハ枢密院官制ノ定ムル所ニ依リ天皇ノ諮詢**

第五話 「万世一系ノ天皇之ヲ統治ス」

ニ応へ重要ノ国務ヲ審議ス」となっています。この枢密院は前回の第
四話で述べたように、憲法発布の１年前に憲法草案審議のために創設
されたものですが、この条項により「重要ノ国務ヲ審議」する天皇の
諮問機関としてその地位を強化し、内閣から独立した機関として、「施
政」に関与することが禁じられていたにもかかわらず、政党内閣が確
立すると、しばしば政府の方針に掣肘を加えるという極めて政治的な
役割を果たしました。これは当然のことながら、1947（昭和22）年の日
本国憲法施行＝帝国憲法の廃止とともに消滅しています。

　第六章「会計」のなかでは、まず第六十四条で「国家ノ歳出歳入ハ
毎年予算ヲ以テ帝国議会ノ協賛ヲ経ベシ」とある通り、ここでも議会
の関与はあくまで「協賛」であって「決定」ではありませんでした。
また、第六十七条では「天皇大権に基づく既定の歳出や法律上政府の
義務に属する歳出は、政府の同意なしに帝国議会が排除や削減するこ
とができない」とあって、のちに、政府と議会の対立を生むことにな
ります。例えば、1893（明治26）年、民党（藩閥政府と対立していた議会政
党）の抵抗により、衆議院で軍艦製造費の削減を議決した際、政府はこ
の六十七条を盾に同意せず、内閣弾劾の声が強まって、伊藤総理が天
皇に信任を問うたところ、天皇が皇室歳費の10％を６か年支出し、文
武官にも俸給の10％拠出を命じることで決着するということがありま
した。結果についてはともかく、いざとなれば天皇の一声で事が決ま
ると言うところに、この憲法体制の本質を見なければなりません。
　以上、帝国憲法のあらましを見てきましたが、私たちが享受してい
る現行の民主的な憲法を基準にしてみる限り、この憲法が国民のため
というよりは、天皇やその権力を利用しようとする勢力のために作ら
れたものだということが、よく理解して頂けたと思います。そして、
私たちが日本の近代における国家の過ちを二度と繰り返さないために
は、この帝国憲法の反人民的な性格についての批判が、いくら厳しく
ても厳しすぎることはないでしょう。しかし、私たち人間が常に歴史

39

的な制約のもとで生きている限り、「何が正しいか」という絶対的な視点だけでなく、その時代にあっては「何が可能だったか」という相対的な観点からものを見ることも大切です。なぜなら、私たち自身今という時代の制約の中で様々な課題を背負って生きているからであり、その限りで、過去の時代に生きた人々の足跡からも、学ぶことが沢山あるからです。

　たとえば、前にも見てきたように、自由民権運動は激しい弾圧によってやがて消滅していきますが、憲法の制定も国会の開設も、極めて不十分なものながら、彼らの粘り強い運動が無かったら、実現がさらに遅れていたに違いありません。帝国憲法について言えば、先にも述べたように、権力の場当たり的、恣意的な支配に晒されていた前近代社会に比べ、この憲法が、万人に及ぶ「法による支配」を確立したことは、歴史的に見て一つの進歩と見て差支えないでしょう。ただし、国家権力の抑制を動機とした立憲主義が近代的な憲法に共通した性格だとすれば、この「帝国憲法」も同列に置いていいかどうかは、議論の分かれるところかもしれません。

　これに関連して、2014年4月7日付朝日新聞の「歴試学のススメ」というコーナーでは、東京大学の次のような入試問題が紹介されていました。「問　大日本帝国憲法は…公開の場で議論することのない欽定憲法という形式で制定されたにもかかわらず民権派が憲法の発布を祝ったのはなぜか。90字以内で説明しなさい」。何だか誘導尋問みたいで初めから「正解」が示されているようなものですが、案の定「…憲法による国家の抑制という立憲主義の原理が貫かれたから」というのがその解答例でした。東大での正解は分かりませんが、歴史の立場からはこれでは大した点はあげられません。というのは、立憲主義が貫かれているかどうかは、条文の字面からだけではなく、その解釈や運用面の実際を見なければ何とも云えないからです。その意味で、この憲法が、天皇や政府の権限を抑制するどころか、しばしば国民の権利を制限するためのものだったことは、いくつも例を挙げることが出来

第五話 「万世一系ノ天皇之ヲ統治ス」

ますが、大正時代に憲政擁護運動が高揚し、政府の非立憲主義が強く批判されたのは、その端的な例と言えるでしょう。逆に言うなら、解釈や運用次第によっては、この憲法でさえ国民のためのものにする余地があったことを意味していますが、その側面については、あとで大正期デモクラシー運動と憲法の問題を取り上げる際に、改めて考えてみたいと思います。

憲法発布式桜田之景（小国政画）

　上掲の写真は、皇居の桜田門の近くで、憲法の発布を祝う東京市民の姿を描いた錦絵のコピーです。自由民権運動の指導者の一人、中江兆民は、憲法の中味について国民が全く知らされていなかったとはいえ、その内容も見ないで「発布の名だけで酔うとは、国民は狂愚なものだ」と嘆いていたそうです。

41

第六話 「一旦緩急あれば義勇公に奉じ」
——教育勅語の発布

　大日本帝国憲法が発布された翌年の1890（明治22）年10月30日、「教育に関する勅語」が煥発（天皇の詔勅を内外に発布すること）されました。いわゆる「教育勅語」と呼ばれているものです。帝国憲法が、臣民統治のための国家の外形的な大枠を定めたものだとすれば、それに従うべき「忠良ノ人民」を育成するための内面的な規範として定められたのが、この教育勅語でした。その意味で教育勅語は、帝国憲法を補完するもの、というよりはむしろ車の両輪のように、あるいはコインの表裏のように、両者は相携えて、その後半世紀以上にわたって、近代天皇制国家の支柱として君臨し続けてきたのです。そんなわけで、ここではこの教育勅語についても、簡単に見ておきたいと思います。

　これが成立するまでの過程には、最初の原案が破棄されるなどの曲折がありましたが、細かい議論は専門家に任せて、私たちは、ほぼ56年にわたって国民を支配し続けてきたこの勅語の中身について、直ちに検討していくことにします。まず、その書き出しの文章は以下のようになっています。学校教育の中で無理やり暗記させられた記憶を持つ80才前後から上の人たちにとっては、何を今更と思われるかもしれませんが、これからの日本を担っていく若い世代の人たちのために、我慢してお付き合い下さい。

　　朕惟うに我が皇祖皇宗国を肇むること宏遠に徳を樹つること深厚なり

　朕というのは天皇の一人称です。皇祖皇宗というのは皇室の祖先神や歴代天皇の事です。つまり、「私が思うに、私の祖先が立派な国を作り、奥深い道徳を作られた」というわけです。ここで「あれっ、これ

第六話　「一旦緩急あれば義勇公に奉じ」

だと国民の道徳って天皇が作ったことになるの？」と首を傾げる人が
いたら、なかなかするどい人です。道徳観というものは本来国民一人
ひとりに即してあるもので、誰かが一人で作ってひとに押し付けるも
のではありませんから。ちなみに、「朕惟うに」というのは勅語の冒頭
に来る常套句ですが、1945年の敗戦の年、国民学校の２年生だった私
は、近所の友達と遊ぶとき、よく悪ふざけで「朕惟うに屁こいて、な
んじ臣民臭かろう、国家のためなら我慢せよ」とやったものです。大
人が陰で言っているのを真似たものに違いありません。ほかにも国家
や軍部をあてこすったこの手のジョークがけっこう沢山あって、それ
を国民の批判精神の現れと見る人もいるようですが、そこまで言える
かどうか。ただ、国家の支配者たちと国民の意識の間に、その程度の
隙間があったことだけは確かなようです。

　あとは、簡単に要約すると、「これまで日本の国民が心を一つにし
て、君主への忠義と父母への孝行に励んできたことは、わが国体の精
華（＝真髄）であり、そこにこそ教育の起源がある」とし、以下国民の
守るべき道徳として、「親に孝行をつくし」「兄弟姉妹は仲良く」「夫
婦は互いの分を守って仲睦まじく」「友達は信じ合い」「自分の言動を
慎み」「すべての人びとに博愛の手を差し伸べ」「勉学に励み職業を身
につけ」「知識と才能を伸ばし」「人格の向上に努め」「世の中のつと
めを果たし」「憲法や法令を守り」「国家に危機が迫ればすすんで身を
投げ出し」もって皇国の永遠の繁栄を支えてほしい、という12の徳目
を列挙しています。今の世に通じそうな項目もありますが、その眼目
は、何と言っても封建時代そのままの「忠孝」倫理の徹底にあったこ
とは疑いありません。そして、その極めつけは「一旦緩急あれば義勇
公に奉じ」、つまり国家の危機に当たっては身を挺して国に尽くせ、と
いう一項です。有体に言えば、戦争のときなど進んで国家のために身
を捧げよ、と言っている訳です。私たちは、戦争のない社会の実現は
人類の悲願であり、いかなる理由があっても、戦争を必要悪とする考
えに与するつもりはありませんが、「緊急性」とか「公のため」という

文言には一見もっともらしく聞こえるところがあります。だから、多くの人びとはそれに抗うこともできなかったのです。しかし、日本が近代に起こしたすべての戦争のどこに「緊急性」があったというのでしょう。多大の犠牲者をもたらした結果のどこが「公のため」になっているというのでしょう。この問題はつきつめていくと、国家は誰のために、何のためにあるのか。国民は誰のために、何のために存在しているのか、そもそも国家とは何か、という問いに行き着かざるを得ないのですが、ここでは、この徳目に示された個人よりも国家の都合を優先させる考え方が教育勅語の基本的な性格であり、その事が1945年の敗戦に至る不幸な歴史と深く関わっている、という私たちの見解を述べるに止めておきます。

さて、教育勅語は、このように12の徳目を並べたあと、「**この道は、私の祖先の神々や歴代天皇たちが遺してくれたものであり、その子孫臣民がともに守るべきものだが、これは古今東西の文化に照らしても誤りのない普遍的なものであり、私は、そのことを銘記して、国民とともにこれらの徳を守っていきたい**」と結んでいます。

この勅語は、その後どのように取り扱われていったのか、という点ですが、まず、発布のあと、その写しが各学校に「下賜」（天皇から与えられる）され、儀式などの際に「奉読」（謹んで朗読）することが督励されました。そして、翌1891（明治24）年1月には、第一高等中学校の始業式で勅語が奉読された際、嘱託教員だったクリスチャンの内村鑑三が、勅語に拝礼しなかったとして非難を浴び、職務を解かれるという事件が発生し（内村鑑三不敬事件）、これをきっかけに、教育勅語を丁重に扱うようにという訓令が発せられています。その後、文部省令で、学校で行われる祝祭日の儀式では教育勅語を奉読することが、正式に定められました。

その後、昭和恐慌を経てファシズムの嵐が吹き荒れ、国家を挙げて十五年戦争へと突き進んでいく1930年代になると、教育勅語は国民教育の思想的基礎としてますます神秘的性格を強め、その写しは殆どの

第六話 「一旦緩急あれば義勇公に奉じ」

学校に行き渡り、天皇皇后の写真＝「御真影(ごしんえい)」とともに奉安殿(ほうあんでん)や奉安庫(ほうあんこ)などと呼ばれる特別な建物や部屋に安置され、先に触れたように小学校（1941年から戦時体制に合わせて国民学校と改称）高学年の生徒には、勅語の全文を暗記することが半ば強制されるようになりました。私（小澤）が国民学校に入学したのは太平洋戦争も末期の1944（昭和19）年でしたが、その学校の奉安殿は校門の正面にあり、校門を入るときにはみな米つきバッタのよう

東京の湯島小学校における「教育勅語」奉読の光景。中央の壇上に天皇皇后の「御真影」が飾られており、校長はその斜め横で勅語を読んでいる。

に奉安殿に向かって拝礼をさせられたものです。

　ちなみに、1923年の関東大震災のとき、奉安所の教育勅語や御真影を守るために、校長が火の中に飛び込んで行って殉職したという話や、勅語を読み間違えて校長が責任を取って辞めたといった話が残されていますが、それらのケースは近代天皇制の非人間的性格を余すところなく伝えるものだと言えるでしょう。勅語の誤読といえば、私（小澤）が出た大学の初代学長の湯浅八郎という人が、同志社大学の総長だった1937年当時、紀元節の式典で、教育勅語の最後に来る「御名御璽(ぎょめいぎょじ)」（天皇の名と印章）というコトバを、分かりやすいようにという配慮から（というより本当は国家をからかう気持ちもあったのではないかと思うのですが）、訓読みで「おんなみしるし」と読んだところ、右翼学生や学外の右翼団体が「誤読だ」と騒ぎだし、結局総長を辞めざるを得なくなった、という事件がありました。その年に日中戦争が始まり、やがて悲惨な敗戦を迎えることになったことを思い起こすと、そうした思想統制の後には、必ず戦争がやってくるものと思い知るべきでしょう。

第二次大戦後、GHQの意向を受けて、文部省の通達や衆参両院の決議で、教育勅語は失効・排除され、新たに「人格の完成」「平和的な国家・社会の形成」「個人の価値の尊重」などを謳った「教育基本法」がこれに変わったわけですが、第一次安倍内閣のときこれが簡素化され、さらに「伝統と文化の尊重」「国と郷土を愛する」などの一項が加えられたことは皆さんもご存知の通りです。私たちは、これが偏狭なナショナリズムに傾斜していかないことを願うのみです。

第七話 「立憲主義」を盾とする戦い
——憲政擁護運動の勃興

　第五話の終わりに、筆者は、帝国憲法の中身について全く知らされていなかったとはいえ、その内容も見ないで無邪気に旗を振る国民の姿を見て、民権運動の指導者の一人中江兆民が、「国民は狂愚なもの」と嘆いていたことを指摘しておきしました。「狂愚」という言い方は如何なものかと思いますが、要するに多くの国民はこのとき、「与えられた」憲法にどう向き合えばよいか分からなかったのでしょう。

　その後、国民皆兵の名のもと、日清・日露の両戦争で、国民は初めて人と人とが殺し合う戦争の場を経験し、自他ともに多くの犠牲者を出し、いわゆる「銃後」の人々も、戦費を賄うための様々な負担に苦しめられます。しかしこの時、多くの国民は未だその問題を憲法と関係づけて捉えることが出来ませんでした。

　たとえば、1905年9月5日に調印された日露戦争のあとのポーツマス条約で、南樺太（現サハリン）の割譲は認められたものの、期待された賠償金が得られなかったことに不満を抱いた国民が、政党やジャーナリズムの主導する講和反対運動に共鳴し、全国の各地で反対集会が開かれます。そうした中、東京の日比谷公園で開かれた国民大会で、鬱積した不満を爆発させた市民が、政府系の御用新聞社などを襲って火を放ち、戒厳令が

国民大会を弾圧した芳川内務相官邸に火を放ち気勢を上げる群衆

敷かれるほどの騒乱に発展しました（日比谷焼打ち事件）。その時の主催者側のスローガンには「戦争継続」の主張なども盛り込まれていたと言いますが、それは、大きな犠牲を払った国民の望むところではなかったはずです。この時は未だ、国民の力量が、自らの目標を掲げる程には成熟していなかったからでしょう。

　ところが、その後の政府の軍備膨張策とそれに伴う租税の増徴は、ようやく国民の政治意識に火をつけ、自らの暮らしの問題を、憲法政治の在り方に関連付けて捉えていくようになります。その直接のきっかけとなったのは、「二個師団増設」、つまり日露戦後の軍備拡張計画に端を発する問題だったのです。

　1911（明治44）年、第二次桂太郎内閣のあとを承けた第二次西園寺公望内閣は、第二次桂内閣の放漫財政を緊縮し、国民の税負担を軽くするため、折から陸軍が要求してきた「二個師団増設案」を拒否することにしました。「師団」というのは、小隊・中隊・大隊・連隊・旅団と上り詰めていく軍隊組織の、平時では最終最大のもので、普通は1万人規模の兵員から成っていましたから、簡単に言えば兵士2万人分の増強と、その設備等に要する費用は、戦争で疲弊した国民の救済に充てるべき国家予算を、著しく圧迫するものだったからです。そのため、同年度の全歳出額に占める軍事費の割合は3分の2を超えるという異常なものとなり、これには、多くの国民ばかりではなく、増税のあおりを食らった中小の資本家たちからも、不満や批判の声が上がり始めました。

　ところが、1912（大正元）年11月の閣議で、陸軍の増師案が正式に否決されると、陸軍大臣の上原勇作が、天皇に直接辞表を提出し、陸軍は、後任の大臣を送らないという嫌がらせの挙に出たのです。まるで駄々っ子という外はありませんが、当時、陸海軍の大臣は現役の大将・中将に限られていたので、たちまち内閣は手詰まりとなり、翌月、西園寺内閣はわずか四か月余りで総辞職のやむなきに至りました。これを当時の人々は「陸軍のストライキ」と呼んだものです。同じスト

第七話 「立憲主義」を盾とする戦い

ライキでも、自らの生活をかけた労働者のそれとの違いは言うまでもありません。

　この間の事情については、今日の私たちには分かりにくいところがあると思うので、少し解説を加えておくと、第五話でも述べたように、帝国憲法の下では、一応立法・司法・行政の三権分立の体裁はあっても、それぞれの職務はあくまで天皇に対する輔弼（助言）に止まり、とりわけ立法府たる国会の権限が、今日のそれと比べて、極めて限られたものであったことに留意しなければなりません。その分、輔弼とはいえ行政府たる内閣の権限が強くなるわけですが、それは、当時の場合、いわゆる責任内閣制（＝議院内閣制）、つまり、現行の制度のように、選挙で選ばれた国会の多数党ないしは多数会派が内閣を組織するのではなく、この時期にあっては、制度上の規定がない元老と呼ばれる人たち（伊藤博文、山縣有朋ら、明治維新以後国家に尽くしたとされるいわゆる元勲たち）の会議が、総理大臣を含む各閣僚（国務大臣）のメンバー表を天皇に奏上して内閣が組織される仕組みになっていたからです。

　つまり、この人事は、国民の意志はもちろん、国会の意志とも無関係なところで決められていた、ということです。

　そこで、話を元に戻すと、後継内閣首班の人事を託された元老会議は、紆余曲折を経て、なんと、紛争のそもそもの火種を作ったとも云える桂太郎を、三度首班として推し、ここに、第三次桂内閣の成立を見ることになります。明治が大正と変わった1912年の12月のことでした。

　第三次桂内閣の出現が、轟轟たる国民の非難の中で迎えられたことは言うまでもありません。まず、これまで西園寺を総裁に戴いて来た立憲政友会が、西園寺内閣の総辞職に至る経緯を発表すると、増師反対、門閥打破、憲政（憲法に基づく政治）擁護の声が国民各層に

桂太郎

49

広がっていきました。「門閥打破」というのは、これまでの国の政治が、薩摩や長州出身のいわゆる「維新の元勲」たちによってほしいままにされてきたことに「ノー」を突き付けたものです。桂太郎は山縣有朋と同様長州閥で、ともに陸軍の軍閥の長老でもあり、西園寺もまた公家出身という意味では門閥でした。ただ、西園寺は、フランス留学で民権思想の影響を受け、帰国後は中江兆民とともに『東洋自由新聞』を起こして民権運動の一翼を担っていた点が、上の二人とはいく分立場を異にしていたと言えます。ところが、皇室を護るべき公家の立場で政治運動に関わることは罷りならぬということになり、運動から離れたのち、枢密院議長、立憲政友会総裁などを経て、二次にわたり首相の座に就き、最後は増師問題であえなく辞職に追い込まれた、と云う訳です。

　その意味で、増師に反対した西園寺は一応民意を汲んだとも言えるのですが、何しろ「桂園内閣」とも「情意投合（心を通じ合わせること）内閣」とも揶揄されるほど、桂と西園寺による政権のたらい回しが続いたため、多くの国民は、誰の味方か分からない「帝国憲法」に照らしても、これは変だと思い始めたのでした。ということは、近代の憲法が、人民の権利を保障するため、支配者たちの権力の乱用に歯止めをかけるものだという「立憲主義」の解釈に立てば、人々はそうした立場から「帝国憲法」を捉え返し、まさに「憲法」を盾として、門閥による専制政治廃止の戦いを挑んだわけです。問題だらけの憲法でも、それを逆手にとって戦った当時の人たちの理解力・応用力はたいしたものだとは思いませんか？

　こうして、第三次桂内閣の成立に対し、「門閥打破」「憲政擁護」の声が高まる中、福沢諭吉が創設した実業家たちの社交クラブ「交詢社」の有志が、自由民権運動の流れをくむ代議士尾崎行雄、犬養毅らを担ぎ出して憲政擁護会を結成し、同年12月末、東京の歌舞伎座で「第一回憲政擁護大会」を開催しました。その模様について『大阪朝日新聞』は次のように報じています。「大正新政の初めに当たり、何事も憲

第七話 「立憲主義」を盾とする戦い

政を無視せる閥族の挑戦は、国論を沸騰せしめ、期せずしてここに憲政擁護の大運動となり、十二月十九日、その大演説会を木挽町歌舞伎座に開かる。会する者総て三千余名、政治家、実業家、新聞記者、学生、車夫（人力車を引く人）、露店商人各種の階級が、その期する所は顔色に現れ、拍手の響き、開会に先立ち、元気すでに堂に充てり」。参加者たちの熱気が伝わって来るようです。

　三度政権の座に就いた桂は、議会の紛糾を避けるため、度々議会を停会にしたり、天皇に詔勅を出してもらったりして延命を図りましたが、明けて1913（大正2）年2月5日、政友会と国民党は、再開された議会で内閣弾劾決議案を提出し、提案趣旨の説明に立った尾崎行雄は、天皇を利用した桂の非立憲的な議会運営を、「玉座（天皇や王の座る席）をもって胸壁（とりで）となし、詔勅をもって政敵を倒さんとするもの」と激しく批判しました。このとき尾崎は「勅語であろうと何であろうと、人間の為すことに過ちのないということは言えないのだ」とまで言い切っています。当時としては（ひょっとしたら今でも）画期的な発言だったと言えるでしょう。後にこの尾崎と犬養を、人々は「憲政の神様」と呼んで喝采を送りました。

　これに対し、政府はまたまた5日間の停会を決め、尾崎の批判をよそに再度、西園寺の協力を促す天皇の「お沙汰」（上位の人の指示）にすがって状況の打開を図りますが、政友会はこれを認めず、停会明けの2月10日を迎えます。この日、数万とも言われる民衆が日比谷の国会議事堂を包囲し、胸に白バラを付けた護憲派の議員たちが議場に入っていくのを、歓呼の声で送り出しました。

　この騒然とした状況の中で、桂はついに内閣の総辞職を決意し、議会に3日間の停会を命じます。ところが総辞職の情報が伝わらなかったのか、停会と聞いて激昂した民衆は、このあと警官隊との衝突を繰り返し、さらに二六新報、国民新聞など、政府の御用新聞と見なされた新聞社や警察、交番などを焼き討ちしました。この騒動は、大阪、京都、神戸などにも波及して行きますが、桂内閣は、こうした大衆行

51

動によって、発足後わずか53日という記録的な短さで命脈を断たれた訳です。私たちはこうした過激な大衆の行動を無条件で評価するものではありませんが、当時は男子の選挙権が制限されており、女子に至っては全く選挙権が無くて、多くの国民が選挙を通じて自らの意思が表明できなかったことを考慮しなければなりません。逆に言うなら、すべての成年が選挙権を持つ今の我々は、それを正しく行使することで、政治が変えられるのだということを、改めて銘記しておきたいものです。

1913年2月10日 議事堂前の民衆

第八話　大正デモクラシーの思想
——吉野作造の民本主義

　私たちは、歴史を学ぶ者の立場で言うと、明治・大正・昭和・平成・令和というように、天皇の在位期間に合わせた年号（一世一元）で時代を区切ることに賛成ではありません。社会構造の変化に対応したものではないからです。そういう意味では、キリストの生誕をもって、その前後を区切る西暦も問題がないとは言えませんが、西暦はもはやキリスト教の文脈を離れた世界的なツールとなっているので、とりわけ世界史的な視野が不可欠な現代社会の中では、年号は少なくとも副次的扱いに止めておいてほしいと思っています。しかし、今回のタイトルにある「大正デモクラシー」などの用語は、既に用語として定着しているのと、わずか15年で終わったこの時代には、偶然とはいえ、それ以前の時代とも以後の時代とも違った特色があったと言えるので、ここでも便宜上「大正」の語を用いることにします。

　では、その15年の間には何があったのか、ということですが、世界史的に見れば、第一次世界大戦が未曽有の惨禍をもたらし、また、国内的には、相変わらず、天皇制国家による様々な抑圧の下にありながら、人びとはそれなりに果敢な民衆解放運動を展開し、様々な民衆文化の花を開かせ、いわば「民衆の時代」ともいうべき状況を生み出したのです。

　前回お話ししたように、「大正」と呼ばれた時代は、時の首相桂太郎を「憲政擁護」を叫ぶ広範な民衆運動で退陣に追い込むという画期的な出来事で幕が開けられましたが、その勢いにも陰りが見え始めた1918（大正7）年7月、シベリア出兵を見越した米穀商人の米の買い占め＝米価の急騰に抗議して、いわゆる「米騒動」が起こります。この騒動は富山県から始まり、たちまち全国の3府37県に広がり、参加者の数も数百万人に及ぶ大事件となりました。この大衆行動は自然発生

神戸の米騒動では、第一次世界大戦で急成長した鈴木商店が焼打ちにあった。

的に起こったものでしたが、決起した人たちの念頭には、先の憲政擁護運動の発火点となった焼打ち事件の残像が浮かんでいたに違いありません。

この結果、ときの首相の寺内正毅が内閣総辞職に追い込まれ、代って立憲政友会総裁の原 敬（はらたかし）が首班に指名

米騒動で辞職に追い込まれた寺内正毅首相

ビリケン人形に似せて政党を押さえつける寺内を揶揄した漫画

寺内内閣は、米騒動関連の記事の掲載を一切禁止ししたため、朝日新聞は抗議の意思を込めて、活字を削ったまま印刷された。(『朝日新聞に見る日本の歩み』より)

第八話　大正デモクラシーの思想

されます。これも前回述べたことですが、当時は議院内閣制（＝責任内閣制）、つまり選挙で選ばれた国会の多数党の代表が総理になるのではなく、いわゆる元老たちの会議で首相以下の閣僚名簿を作り、天皇の裁可を仰いで決定する仕組みになっており、とくに内閣は政党から超然としているべきだという「超然内閣」の考えから、それまでは爵位を持った官僚や軍部の要人が首相の座についていたのです

「平民内閣」の期待を背負って登場した原敬内閣だったが…

が、原敬は、その意味ではいわゆる平民の出であり、多くの国民やマスコミは、この「平民宰相」の出現を歓呼して迎えたのです。

　このように議員内閣制に近い形は、その後、ファシズムになだれ込んでいく中で、あえなく元の黙阿弥に帰してしまい、鳴り物入りで登場した原敬も、「平民」の期待に沿うような結果を出すことが出来ませんでした。しかし、いわゆる立憲主義の見地からして、短期的にせよ、国会を重視する方向に政治の流れを変えたことは、米騒動がもたらした大きな成果だったと言えるでしょう。

　しかし、米騒動が期せずしてもたらしたもう一つの成果には、憲政史上から見て更に重要なものがありました。それは、いわゆる普通選挙の実現を求める運動が、そこから急速に盛り上がりを見せていったからです。これを具体的な事例に即して見てみましょう。米騒動発祥の地、富山県の水橋町（現富山市）に隣接する滑川町（現滑川市）には、地主階級ながら社会主義の影響を受けて、政治の民主化を唱える「啓蒙的社会主義者」「旦那社会主義者」ともいうべき青年のグループがあって、米騒動に際しては、すわ時節到来とばかりに、街頭で、参加者らに声援を送ったところ、町の有力者と見られたからでしょう、却って民衆から石をぶつけられるという憂き目をみます。

　しかし彼ら旦那社会主義の青年たちは、そこに自らの限界を感ずる

とともに、こうした騒動が起こるのは、貧しい漁民や農民たちが、選挙権を持たないために、自分たちの意見が国政の場に正しく反映されていないからだ、と受け止め、騒動の余燼も冷めやらぬ秋10月、滑川普通選挙期成同盟会を結成し、普通選挙の実現を求める宣言書を作って、全国の有力紙誌、国会議員、学者・文化人らに送付しました。その中で彼らは納税資格による差別選挙に理路整然と反駁を加え、「国民の多数は無知であるか？　断じて否！」と叫んでいます。米騒動を「無意識の普選要求」と受け止めた彼らの先見性は、明らかだったと言えるでしょう。

　彼らが先鞭をつけたのかどうかはともかく、その後普通選挙権獲得の運動は急速に盛り上がりを見せ、曲折はあったものの、1925（大正14）年、25歳以上の成年男子（被選挙権は30歳以上）に限って、ようやく選挙権を認める普通選挙法（とはいうものの女性が排除されていたので完全な「普通」とは言い難い）が成立を見たのでした。ちなみに、納税資格等の制限選挙の下では、1900（明治33）年の段階で、有権者は人口のわずか2.2％、1919（大正8）年で5.5％、普通選挙法が成立した時点でも、女性が排除されていたため20％に止まり、1945（昭和20）年の敗戦に伴って、ようやく女性も加えた総人口の48％を占めるようになりました。

　もちろん私たちは、この普通選挙法に抱き合わせるようにして、憲政史上最悪とも言える弾圧立法「治安維持法」が制定されていることを見逃すわけにはいきません（治安維持法については第九話の2で取り上げる）。この普通選挙法と治安維持法の二つの法律を、ロシア革命の成立に恐れをなした権力者たちが、国民を懐柔するための「アメとムチ」だったとする歴史家の見方は、当を得たものと言えるでしょう。その上で、この時の普通選挙法の限界だけをあげつらうのか、それとも、戦後にようやく実現を見た完全普通選挙につながるものと見るか、といえば、筆者らは迷わず後者の立場に立ちたいと思います。なぜなら、そこには、人びとの粘り強い戦いの歴史が刻みこまれているからです。

第八話　大正デモクラシーの思想

そして、普通選挙権の獲得こそ、この時代の人びとの云う「憲政擁護」運動の成果だったとすれば、私たちがいま憲法と国民の関わりを考えようとするとき、様々な教訓も含めて、われわれが立ち返ってみなければならない原点の一つが、そこにあると言えるのではないでしょうか。(たとえば婦人参政権について言えば、普通選挙法が成立する前年の1924年から婦人参政権獲得期成同盟会が結成され(翌年婦選獲得同盟と改称)、婦人選挙権獲得の運動が本格化するが、性差別の解消を求める「婦人解放運動」そのものはすでに明治期から胚胎しており、今の日本国憲法第14条の性差別の否定を含む「法の下の平等」の規定は、そうした先人たちの努力の賜物にほかならない)。

　こうして、たとえ字面だけにせよ、憲法が保障している国民の権利を現実のものにしようとする憲政擁護運動の高揚は、普通選挙獲得運動だけでなく、他の様々な社会的運動の広がりにも力を与えるものとなりました。たとえば、労働組合や農民組合の組織率、労働争議や小作争議などの発生件数は、この時期、明治期以来のピークを示し、被差別部落の解放を目指す全国水平社が結成され、非合法ながら、搾取や差別のない理想社会の建設を目指す日本共産党が呱々の声を上げたのもこの頃でした。

　他方、文化的な方面に目を転ずると、この時期、国家よりは人類的な価値に重きを置き、人道主義の理想を高らかに謳い上げた『白樺』派の文学が一世を風靡し、伝統的な価値観に縛られず、児童一人ひとりの個性を尊重して、想像力にあふれる独自の世界を作り上げた雑誌『赤い鳥』の運動が多くの子供たちの心に豊かな夢を与え、児童生徒の自主性を尊重する「自由主義教育」が初等教育の現場に新しい風を吹き込みます。いささか私事にわたりますが、そのころ小学校で音楽を担当していた私(小澤)の父も、その影響下にあって、『赤い鳥』の同人だった多胡羊歯の童謡詩「くららさくころ」に曲をつけ、二人で富山県下の小学校を巡回して歌唱指導を行い、児童らを古色蒼然たる文部省唱歌のくびきから解放する運動を実践していたといいます。

　また、高等教育にあっても、専門教育に偏らない「教養主義」に基

づく教育が、国家有為の人材育成から人格形成に力点を置いたものに、その目的を変えていこうとしていたのです。例えば、明治末年から第一高等学校の校長をしていた新渡戸稲造も、教養主義、人格主義によって、高等教育を国家主義のそれから変えようとした先覚者の一人ですが、ある時、弁論部の学生が、徳富蘆花に講演を依頼しに行って、演題を尋ねたら、彼は黙って火鉢の灰の上に火箸で「謀反論」と書き、折からの大逆事件で死刑になった幸徳秋水の国家への反逆こそ真の愛国者のものとして評価し、「謀反の勧め」ともいうべき内容の話をすることが分かります。実現を危ぶんだくだんの学生が新渡戸に相談したら、反対されると思いきや、彼は、大いに励ましてくれたという話が伝わっています。こうした諸々の改革運動は、その根っこのところで、政治的な自由を求める運動とも、深く繋がり合っていたに違いありません。この「大正」という時代が、それ以前とも以後とも違って、ほのかな灯りをさしているように見えるのは、そのためでしょう。

　ところで、これらの民衆的な要求に根差した諸々の運動が一斉に花開いた背後には、それらを生み出し、支えていく一つの共通した指導理念がありました。それがいわゆる「大正デモクラシー」と呼ばれているものです。デモクラシーの訳語は言うまでもなく「民主主義」ですが、その中心的な原理は「国の政治を最終的に決定する権利は国民にある」という「主権在民」＝「国民主権」の考え方です。それに照らして言えば、すでに見てきたように、「大日本帝国憲法」の第一条では、「大日本帝国ハ万世一系ノ天皇之ヲ統治ス」とあって、「主権在君」＝「天皇主権」が大前提になっています。ですから、「民主主義」の訳語をそのまま適用したら、「主権在君」の帝国憲法と正面から衝突して、多くの犠牲者を見ることになりかねません。そうした事態を避けながら、とりあえず帝国憲法の枠内で、それを最大限民主的に解釈・運用し、その実を取っていくことで、日本の政治や社会の在り方を変えていこうとする考え方が登場しました。それが、「民本主義」と呼ばれるものです。この言葉自体は、日露戦争後から一部のジャーナ

第八話　大正デモクラシーの思想

リストらによって用いられていましたが、それに一つの政治思想としての内実を与え、当時の国民に民主的な考え方を根付かせていく上で貢献したのは、当時東京帝国大学法学部の教授だった吉野作造という人でした。

次に、彼の民本主義の考え方をまとめて1916（大正5）年の『中央公論』に発表した「憲政の本義を説いて其有終の美を済すの途を論ず」という記念碑的な論文の骨子を紹介しておきましょう。彼はこの論文で、帝国憲法が天皇主権を明記している以上、主権が君主と人民のいずれにあるかを議論する余地がないとした上で、「ただ、その主権を行使するにあたって、主権者はぜひとも一般民衆の利福並びに意向を重んずることを方針とすべき

吉野作造。彼は民本主義の論陣を張っただけでなく、後に社会主義や労働運動の指導者を輩出した東大新人会の育成に関わったり、中国人留学生を支援したりするなど、その思想を貫いた。

だ」と云い、それが「民本主義」というものの根本原則だ、としています。つまり、これを、リンカーン大統領が民主主義の原理について述べたゲティスバーグの演説になぞらえて言えば、「人民の、人民による、人民のための政治」の内の、「人民の (of the people)」というところは取りあえず棚上げにしておこう、という訳です。

その上で、彼は、民衆の利福やその意向に重きを置くなら、「政権運用の終局の目的は当然一般民衆のため」でなければならず、「政権運用の終局の決定もまた当然一般民衆の意向によってなされねばならない」と力説します。つまり、リンカーンの言葉によれば、「人民のための (for the people)」「人民による (by the people)」政治だけは、是非とも保障されなければならない、と云うのがその骨子でした。そこから、彼が、普通選挙制や政党内閣制の実現、貴族院や枢密院の権限に歯止めをかける改革案を次々に提起していったのは当然の成り行きだったと言えるでしょう。

これに対して、様々な立場の人たちから賛否両論が巻き起こりましたが、とくに、マルクス主義の理論的指導者の一人として知られる山川均ら、社会主義の立場の人たちから、主権論を棚上げにしたままで、運用論だけを切り離して追求しても、民衆の利福や意向の実現は不可能だ、という厳しい批判が寄せられました。民主主義の厳格な規定からすれば、かれらからの批判は正論だったと言わざるをえません。しかし、当時の歴史的な条件の中で何が可能だったか、という問い方をすれば、吉野の漸進主義的な立場はその時代の現実的な要求にマッチしたものだったと言えるでしょう。日本の近代以降の論争史を繙いていくと、不毛な議論に終っていることが少なくないのですが、この「民本主義」を巡る論争では、対立した社会主義者の議論が、かえってデモクラシーの理解を深める上で貢献したとも言えるのです。今日、そうした対立を含みながら、抑圧からの解放を求めて展開された様々な運動が、総体として「大正デモクラシー」と呼ばれているのはそのためです。戦後の憲法がアメリカの押しつけだから変えなければという議論は、こうした我々の先輩たちが身をもって刻んできた歴史を、故意に無視したものと言わざるを得ません。

　ちなみに、中野重治の自伝的な小説『むらぎも』には、「高岡」という人物が登場し、旧制の富山高校にドイツ語の教師として赴任してきて、吉野の影響下に結成された新人会の活動に加わり、保守的な政治風土の富山に、社会主義の種を蒔いていく姿が描かれています。「高岡」のモデルはマルクス主義経済学者で、のちに東京経済大学の学長を務めた井汲卓一ですが、書かれていることはほぼ事実をなぞったものと思われます。地域社会の中にデモクラシー思想が浸透していく様を活写したものと言えるでしょう。

第九話　十五年戦争下の憲法
――その末期を見据えて

1．関東大震災と大恐慌の衝撃

　私たちが歴史を振り返るとき、「その時にこうしていてくれたら」と思うことがないでしょうか。歴史に「たら」とか「れば」という考えを持ち込むのは禁物だとよく言われますが、事柄によっては、実際に起こったこととは異なった選択肢もあったと考えることが、歴史を理解する上で、というよりは私たちが「いま」を生きていく上で、重要なときがあります。「大正」と呼ばれた時代に、困難な条件の中で、人びとが努力して切り開いた「デモクラシー」の思想や運動にも、1945年の日本の敗戦に結果する道とは違った方向に進む可能性が、少なくとも皆無ではなかったことを、私たちはすでに見てきました。そうした可能性が未発に終ったことをいとおしむ気持ちこそが、私たちの歴史認識を限りなく深めてくれ、よりよい「いま」を生み出していく力になってくれるのではないでしょうか。

　それならば、そうした可能性が、そのあとなぜ実を結ぶことができなかったのでしょう。結論から言うと、それは、1920年代の終わり（大正末期）から30年代の初め（昭和初期）にかけて、国民の生活を根底から揺さぶるような予期せぬ大事件が相次いで発生し、国家権力の担い手たち、つまり財閥資本やそれに依拠した政治勢力、軍部の指導者らも危機感を深めて、国民への手荒い対応に歯止めがきかなくなっていったからですが、人びとの側も、自らの暮らしに迫りくる危機への対応に追われて、人類的な眼差しをどこかに置き忘れていったからに違いありません。

　その大事件の筆頭に挙げなければならないのは、1923（大正12）年9月1日、関東地方の南部を襲った「関東大震災」です。その罹災者は

61

関東大震災直後の東京銀座通り

340万人、死者と行方不明者は合わせて10万人を超え、倒壊や火災で失った家屋等の物的損害だけでも45億7,000万円…と云ってもピンとこなければ、前年度の一般会計予算額の3倍を超える額だった、と言えば、事態がいかに深刻なものであったかがお分かり頂けるでしょう。このため、被災地の救済や復興に要する予算が、国の財政に、ひいては国民全体の暮らしに著しい影響を与えたことは言うまでもありませんが、人的被害の面でさらに無視できないのは、震災直後の混乱の中で、潜在的な差別意識を裏返した恐怖が、「不逞鮮人来襲」の噂を広げ、政府や軍部や警察も混乱を収拾するのにこの噂を利用し、これを信じた民間人が「自警団」などを組織して多数の朝鮮人を虐殺したことでした。この虐殺には軍や警察も関与していました。犠牲になった朝鮮人や中国人、巻き添えになった日本人らの数は6,000人を超えたと言われています。大正デモクラシーが切り開いた「人類愛」の思想は、まだ国民の内面深くにまで届いてはいなかったことを、私たちは認めない訳にはいきません。

しかも、この時虐殺されたのは、朝鮮人だけではありませんでし

関東大震災後、在日朝鮮人暴動などの悪質なデマが急速に広まり、各地区に自警団が組織された。写真は東京、麻布地区『大正震災志写真帖』(1926年・内務省社会局)より

第九話　十五年戦争下の憲法

た。こうした社会不安の状況に乗じて、国家権力に連なる人たちも、いわゆる社会主義的な改革を目指す運動の抹殺を図って、無法な殺戮に加わっていたからです。いわゆる亀戸事件や大杉事件（甘粕事件）と呼ばれているものがそれです。前者は、東京府下亀戸警察署が戦闘的な労働組合運動の闘士と目されていた平沢計七ら10名を検束し、習志野騎兵連隊の手に渡して斬殺した事件ですが、当初、亀戸署はこれを極秘扱いにして闇に葬ろうとしていたところ、後日事実が露見してはじめて人々の知るところとなりました。また、後者は、亀戸事件と同じ動機から、憲兵隊の甘粕正彦大尉が、無政府主義者として知られる大杉栄と、その妻で婦人解放運動の先駆者のひとり伊藤野枝、および6歳になる大杉の甥を連行して扼殺し、古井戸に投げ込んだという事件です。

亀戸事件犠牲者の惨殺死体

憲兵に殺害された大杉栄と伊藤野枝。中央は野枝の長女

　これも事実が伏せられていたところ、甘粕らが軍法会議にかけられる段になってようやく記事解禁となり、人びとの知るところとなります。察するに、隠し通すより、間をおいて明らかにすることで、社会の改革を目指す人たちを牽制する一方、「危険思想」に関わることへの人々の恐怖心を煽ることが、これら権力を背景とする白色テロルの狙いだったのでしょう。しかも、軍法会議の甘粕に対する判決は、懲役十年という甘いもので、それも僅か三年足らずで彼は出獄、パリに留学したり「満州国」に渡って要職についたりと、恵まれた余生を送り

ました。かれは、1945年の敗戦直後に、服毒自殺してその一生を終えていますが、それによって、理不尽な死を強いられた人たちの無念が晴れるものでなかったことは言うまでもありません。

　これを憲法の観点から見れば、甘粕らの行為は、無数の制限や条件付きながら、人権の擁護を謳った帝国憲法からさえも逸脱したものであり、そうした無法がまかり通るという考えに淫した人たちが権力の内部から出てきたこと自体、「憲政」の崩壊を告げるものだったと云わなければなりません。

　こうした事態にさらに拍車をかけたのは、1929（昭和4）年に始まった「世界大恐慌」の日本への波及と、それに端を発して、30年から31年にかけて日本を席巻した「昭和恐慌」（昭和5・6年恐慌）でした。

　29年10月24日、ニューヨークのウォール街にある株式取引所で株価が突然大暴落を起こします。いわゆる「暗黒の木曜日」と言われている空前の「世界恐慌」の始まりです。日本では、これより先、1927（昭和2）年、大震災によって生じた金融不安と第一次大戦で急成長を遂げた鈴木商店の破産などを誘因として、多くの銀行が休業に追い込まれるという深刻な「金融恐慌」を経験していましたが、その余燼が収まりきらぬうちに、この「世界恐慌」の直撃を受けることになったのです。

　日本に世界恐慌の波が押し寄せたのは、1930（昭和5）年の春ごろからでした。すでに、浜口雄幸内閣の金解禁に伴う緊縮財政と消費節約政策によって、デフレ的な不況に陥っていた日本経済は、この恐慌のために、いわばダブルパンチを食らったわけです。

　株価や物価は急落し、貿易は輸出入とも大幅な減少に見舞われ、企業や銀行業の倒産や休業が相次ぎました。それによって最も大きな打撃を受けたのは、云うまでもなく多くの国民大衆です。労働者の賃金は著しく低下し、賃金の不払いを受けた人は10万人、人員整理や失業者の数も300万人に達したと言われています。ちなみに、この頃田舎の小学校の教員をしていた筆者（小澤）の父も、給料の遅配や欠配が数

第九話　十五年戦争下の憲法

か月にも及んで大変だったと述懐しています。

しかし、この恐慌で最も深刻な打撃を受けたのは、当時、就労人口の50％近くを占めていた農業を営む人々でした。とくに1930年から31年にかけてのそれが「農村恐慌」

失職して帰郷する人たちの一方で身売り同然で東京に送られていく娘たちの姿があった。長野県岡谷駅で。

と呼ばれるのはそのためです。恐慌によって、農産物の大暴落が起こり、29年度対比の31年度の米価は2分の1、繭価では3分の1にまで下落しました。その他の農産物も含めて、価格が元の水準に回復するまで、6年もの長期間を要したと言われています。この間の農民たちの窮乏は言うまでもありませんが、農村からの出稼ぎ労働者の失業や解雇による帰村によって、農民たちの生活はさらに窮乏をきわめました。

もちろん、こうした惨状を招いた理由の一半は、企業主や地主たちが、自らの利益を守るために、打撃を受けた広範な民衆に対して適切な対応をしてこなかったことにあります。ですから、このとき、追い詰められた人たちが、自らの生存をかけた闘いに立ち上ったのは当然だったというべきでしょう。

まず、労働者の闘いについて言えば、昭和恐慌二年目の31年における労働争議の発生件数が2,456件と、恐慌直前の29年の1,420件の2倍近くに急増し、戦前の最高件数を記録しています。また農民たちの戦いについて言えば、恐慌前の28年の小作争議件数が1,866件だったのに対し、29年が2,434件、31年が3,419件、33年が4,000件と上り詰め、35年に6,824件と、戦前期のピークを記録しています。農業恐慌の影響が長期にわたっていたことを示すものと言えるでしょう。こうした数字を挙げるだけではなく、その実態を示す具体例も紹介したいところ

ですが、スペースに限りがあるので、皆さんの想像力で補って頂ければ幸いです。また、こうした運動を組織したり支えたりしてきた労働組合や農民組合、あるいは政党組織等の果たした役割や問題点などについても触れたいところですが、同様の理由で割愛させて貰います。

ところで、こうした戦いは、直接生産に携わる人たちだけではなく、学者や文化人等の間にも広がっていきました。例えば、学問や思想の世界では、明治の社会主義（あるいはキリスト教）、大正のデモクラシー、昭和のマルクス主義と言われるように、大恐慌を背景としたこの時期、マルクス主義を信奉する社会科学者や思想家の中から、後世に残るような著作が次々に刊行されていますが、それらは、そうした危機的な社会状況に積極的に関わろうとして生み出されたものに違いありません。これは一例にすぎませんが、マルクス主義の立場から日本資本主義の特質について多角的に論じた『日本資本主義発達史講座』や、戸坂潤がマルクスの『ドイツ・イデオロギー』に倣って、当時の日本の思想状況を厳しく批判した『日本イデオロギー論』などの名著が次々に登場したのもこの時期でした。

また、大衆文化の面では、ナップ（全日本無産者芸術連盟）やコップ（日本プロレタリア文化連盟）などの無産者大衆の解放を目指した文化団体が次々に登場し、小林多喜二の『蟹工船』や徳永直の『太陽のない街』といったいわゆるプロレタリア文学の名作がその機関誌を飾ることになります。あるいは、活動写真が映画と呼ばれるようになったこの時期、左翼的な傾向を持ついわゆる「傾向映画」が、恐慌下に喘ぐ大衆の怒りや悲哀を描いて人々の共感を呼び、演劇界でも活発

「傾向映画」を代表する『何が彼女をそうさせたか』監督：鈴木重吉［1927］（藤森成吉原作）の一コマ。貧困のゆえに波乱の人生を強いられた薄幸の女性を描いて人々の共感を呼んだ。

なプロレタリア演劇運動が展開されました。もちろんこれらの運動は、権力の厳しい弾圧によって、短期間で消滅させられていった訳ですが、それを合図に日本社会は、いよいよ後戻りのできないファシズムの時代、戦争の時代へとなだれ込んで行ったのです。が、これについては、項を改めてお話しすることにしましょう。

2. 暴走する「国体論」

　世界恐慌、農村恐慌以後の日本の国家や社会は、まるで坂道を転げ落ちるように戦争へ、そして敗戦へと突き進んでいきました。そのような時間の感覚でこの時代を振り返ると、あっという間に過ぎ去ったようにも見えますが、この間、望みもしない戦争に巻き込まれ、多くの犠牲を強いられた日本やアジアの国々の人たちにとっては、どんなにか長くて辛い日々だったことでしょう。そうした人々の気持ちに寄り添ってこの時代を振り返ると、そこには、本書の主題である「近代日本と憲法」のかかわりに照らしても、今の私たちが教訓としなければならない沢山の出来事があったことに気付かされます。とはいえ、ここではその一つ一つについてお話しする余裕がないので、まずは、そうした観点から見て重要と思われる出来事を綴った略年譜風のものをお示しし、大きな流れを掴んで頂いた上で、重要と思われる論点についてさらに掘り下げていくことにしたいと思います。ということで、まずは69頁からの別表にサッと眼を通して頂いた上で、以下の本文に戻っていただけると幸いです。

　「治安維持法」が、「普通選挙法」と抱き合わせのような格好で制定された経緯については、第八話「大正デモクラシーの思想」の中で触れておきましたが、この略年譜の冒頭に再度「治安維持法」の制定について取り上げ、そこからこの年譜を起筆したのは、それが、戦時体制下の憲法問題を考える上で最も重要な分岐点の一つだったと思われ

るからです。年譜をご覧頂ければお分かりのように、治安維持法に係る思想弾圧事件が圧倒的な数を占めていますが、これも代表的なものだけで、一説によれば、法律が定められた1925年から廃止されるまでの20年間、この法律によって逮捕された人の数は無慮数十万人、送検者数は75,681人、実刑を受けた人が5,162人、虐殺による死者が90人、拷問・虐待が原因で獄死した人が114人、病気その他の理由で獄死した人が1,503人にも及んだと云います。そのことは、この法律が、戦時体制を構築していく上で、いかに重大な役割を担っていたかということを、雄弁に物語っていると言えるでしょう。という訳で、ここではまず「治安維持法」というのはそもそもどんな法律だったのかということから、少し詳しく見ていくことにします。

治安維持法反対集会。1925(大正14)年2月11日、芝赤羽で開かれた集会には35団体3000人が参加し、銀座から上野へとデモ行進が行われた。

　1925年に公布された治安維持法の第1条1項には次のように記されています。「国体ヲ変革シ又ハ私有財産制度ヲ否認スルコトヲ目的トシテ結社ヲ組織シ又ハ情ヲ知リテ之ニ加入シタル者ハ十年以下ノ懲役又ハ禁錮ニ処ス」。この量刑は3年後の1928年に改正され、死刑と無期刑が加えられています。「国体」というのはもちろん国民体育大会のことではありません。第六話の「教育勅語の発布」についてお話しした時にも、そのなかに「…これまで日本の国民が心を一つにし、天皇への忠義と父母への孝行に励んできたことは、わが<u>国体の精華</u>（＝真髄）

第九話　十五年戦争下の憲法

〈別表〉　戦時体制下の主要事項に関する略年譜
（ここでは戦争の推移などについての詳細は省いた）

1925　（T.14）　**治安維持法制定**（<u>国体の変革、私有財産の否定を目指す団体や運動の禁止</u>。違反者に懲役10年以下の実刑）

1925　（T.14）　**小樽高商事件**（小樽高商の軍事教練で朝鮮人暴動の想定が問題化、<u>軍事教育反対運動広がる</u>）

1926　（T.15）　**京都学連事件**（京都帝大など全国の<u>社会科学研究会学生検挙、最初の治安維持法適用事件</u>）

1928　（S.3）　**3.15事件**（共産党弾圧のため全国の<u>共産党員大量検挙</u>、内488名を治安維持法違反で起訴）

1928　（S.3）　**治安維持法改正**（<u>死刑、無期刑を追加</u>。国会審議にかけず勅令案として枢密院で可決公布）

1928　（S.3）　**左翼系教授の追放**（文部省各帝国大学左翼系教授の追放をはかり、<u>河上肇</u>（京都帝大）、<u>大森義太郎</u>（東京帝大）、<u>向坂逸郎</u>（九州帝大）ら5人の教官大学を追われる）

1929　（S.4）　**山本宣治暗殺**（山宣の愛称で知られた労働農民党代議士山本宣治、右翼によって刺殺される）

1929　（S.4）　**4.16事件**（<u>再度共産党関係者への弾圧</u>が企てられ、約700名検挙、339人起訴、共産党は壊滅的打撃を受ける）

1931　（S.6）　**満州事変勃発**（日本の<u>関東軍参謀ら満州占領</u>を企て奉天郊外の<u>柳条湖で満州鉄道を爆破</u>、これを中国軍のし

山本宣治

であり…云々」という趣旨の言葉がありましたが、ご記憶でしょうか。このように「国体」という言葉は、当時、近代の天皇制国家を説明するキーワードとして頻繁に用いられてきたものですが、これを改めて説明せよと言われたら、その時代を生きた人々でも、手際よく説明できる人は少なかったはずです。

　逆に言えば、いわく言い難い言葉だからこそ、支配層の人たちはそこに自分の勝手な思いを込めて、乱用してきたのだとも言えるでしょう。それはともかく、ここではとりあえず15年戦争下の1937（昭和12）年に、時の文部省が「国体を明徴にし、国民精神を涵養振作すべき刻下の急務に鑑みて」編纂し、全国の学校や社会教化団体に配付した『国体の本義』と題する冊子によって、その内容を確かめておきましょう。（ちなみに1941（昭和16）年発行の第6刷の末尾には発行部数63万部定価35銭とあります。売れ行きを誇示しなければならない理由でもあったのでしょうか）。

　内容を詳しく説明している余裕がないので、まずは、次に掲げる目次から大よその見当をつけて頂ければと思います。（　）内は筆者です。

　　　諸言
　第一　大日本国体
　　　一、肇国（国のはじまり）　二、聖徳（天皇の徳）　三、臣節（臣下の礼節）　四、和と「まこと」
　第二　国史における国体の権限
　　　一、国史を一貫する精神　二、国土と国民生活　三、国民性
　　　四、祭祀と道徳　五、国民文化・政治・経済・軍事
　　　結語
　まず、「一、肇国」の冒頭には次のように書かれています。「大日本帝国は、万世一系の天皇皇祖の神勅を奉じて永遠にこれを統治し給う。これ我が万古不易の国体である。而してこの大義に基づき、一大家族国家として億兆一心聖旨を奉戴して、克く忠孝の美徳を発揮する。こ

第九話　十五年戦争下の憲法

　　　　　　　わざとして総攻撃開始。以後足かけ15年にわたる
　　　　　　　中国への侵略戦争始まる）

1932（S.7）「満州国」建国（日本、清朝最後の皇帝溥儀を執政
　　　　　　　（のち皇帝）とする傀儡政権を打ち立て、「満州」の
　　　　　　　建国を宣言）

1932（S.7）リットン調査団報告書（満州問題調査のため国際連
　　　　　　　盟から派遣されたリットン調査団の報告書が公表さ
　　　　　　　れ、日本の軍事行動を批判）

1932（S.7）血盟団事件（日蓮宗を奉ずる国家主義者井上日召が
　　　　　　　一人一殺を唱えて組織したテロ集団＝血盟団のメン
　　　　　　　バーが、元蔵相井上準之助、三井合名会社理事長団
　　　　　　　琢磨を暗殺）

1932（S.7）五・一五事件（同年5月15日、海軍の青年将校、陸
　　　　　　　軍の士官候補生らが首相官邸を襲い、犬養毅首相
　　　　　　　を射殺、内大臣官邸や三菱銀行、立憲政友会本部、
　　　　　　　警視庁、変電所などを襲撃。この事件は軍部のファ
　　　　　　　ッショ化を促した）

1933（S.8）小林多喜二暗殺（プロレタリア文学の旗手小林多喜
　　　　　　　二逮捕され築地警察署で拷問
　　　　　　　を受け死亡）

1933（S.8）日本、国際連盟脱退（国際連
　　　　　　　盟総会でリットン調査団報告
　　　　　　　書に基づく日本への勧告案42
　　　　　　　対1で採択。日本政府国際連
　　　　　　　盟脱退、国際的な孤立化を深
　　　　　　　める）

小林多喜二

1933（S.8）滝川事件（鳩山一郎文相、危険思想を理由に京都帝

れ、我が国体の精華とするところである。この国体は、我が国永遠不変の大本であり、国史を貫いて炳（明らかなさま）として輝いている。而してそれは、国家の発展と共に弥弥鞏く、天壤と共に窮るところがない。我らはまず我が肇国（建国）の事事の中に、この大本が如何に生き輝いているかを知らねばならぬ」。

　こうした国体観は、第六話で述べた「教育勅語」にあるものとほと

『国体の本義』の表紙

んど同じものですが、一つ異なっている点があるとしたら、それは、世界情勢と自国に対する認識の違いです。すなわち文明開化を急務としていた教育勅語の段階では、「斯の道は…之を古今に通じて謬らず（誤りがない）之を中外に施して悖らず（道理にそむくことがない）」と、その世界的な普遍性を強調していたものが、ここでは西欧文明の行き詰まりと、その国体の優越性を強調するものに一転しているのです。とくに「緒言」の中では次のように述べられています。

要約すると「西欧で勃興し、わが国にも持ち込まれている社会主義・共産主義などの過激な思想は、社会を混乱におとしめている。これらはすべて西欧近代思想の根底をなす個人主義の行き詰まりに基づくものである。こうした思想上・社会上の混乱は、真にわが国独自の「国体の本義」を体得することによってのみ、解決される。このことはわが国だけでなく、いまや個人主義の行き詰まりに苦しむ世界人類のためでなければならぬ。ここにわれらの重大な世界史的な使命がある」。

　「世界史的な使命」とはまた大きく出たものですが、こうした国体観は、そもそも、幕末期、幕藩制社会解体の危機への対応を動機として登場してきた水戸学や国学の尊王思想に淵源するもので、民衆意識のレベルでは、古事記などの神話の神々が民俗信仰の中に取り込まれることはあっても、万世一系などと言う理屈は人々にとっては本来無縁のものでした。だからこそ、近代国家の担い手たちはそのギャップ

第九話　十五年戦争下の憲法

		大教授滝川幸辰の辞職を要求し休職処分発令。法学部教授会大学の自治・学問の自由を脅かすものとしてこれに反対、法学部全教官が抗議の辞表提出。のち、滝川、佐々木惣一、末川博、恒藤恭ら8教授大学を去る）
1935	(S.10)	**天皇機関説事件**（貴族院で菊池武夫議員、憲法学者で同議員美濃部達吉の天皇機関説（天皇主権説を修正し「天皇は国家の機関である」とする通説化されてきた学説）を激しく攻撃。貴衆両院もこれに追随して機関説排撃を決議。政府も国体明徴の声明を発表してこれに呼応したため、美濃部辞職に追い込まれる。学説の当否を国会の場で決議するという政治史上異例の事態となる）

美濃部達吉

『憲法撮要』など主要著書3点発禁に。

1935	(S.10)	**第二次大本教事件**（1890年代初頭、丹波の貧しい主婦出口なおによって開かれた大本教は、心の入れ替えによる世の立て直しを訴え、資本主義形成期の矛盾に喘ぐ人々の心を捉えて発展する。大正期に入り、後継者の出口王仁三郎が、国家神道教義との接近をはかり、神道系の霊術を取り入れて更なる発展を遂げるが、その異端的な神道説を危険視した当局は1921（大正10）年、王仁三郎ら教団幹部を不敬罪・治安維持法違反で起訴（第一次大本事件）。大正天皇の大葬に伴う大赦で免訴となったのち、王仁

を埋めることに終始腐心しなければならなかったのです。それも、本当に腐心している間はまだしも、極刑を含む法律まで持ち出して、人びとの実感からはかけ離れた神話伝説を無理やり押し付けるに至っては、人びとも、蔭でそれを笑いの種にして憂さを晴らすしかなかったのでしょう。

　こういう事は歴史の教科書には殆ど出てこないので、序でに紹介しておくと、たとえば、1937年、日中戦争が開始されるや、「国家総動員法」などによって戦争への協力体制が強力に推し進められていくなかで、大衆文化への統制も厳しくなり、淡谷のり子のブルースをはじめ、国民に愛されていた多くの流行歌が軒並み禁止される一方、国家が戦意高揚につながる歌を作って、国民に与えようとしたことがありました。これを「軍国歌謡」と呼んでいます。なかでも、37年、内閣情報部が国民から歌詞を募集して、「軍艦マーチ」の作曲者、瀬戸口藤吉が曲を付けた「愛国行進曲」というのが、この手のものにしては結構流行を見ました。すると早速替え歌が登場します。最初が元歌で、次が替え歌です。

　　　　見よ東海の空明けて、旭日高く輝けば、天地の生気溌剌と、希
　　　　望は踊る大八州（多くの島からなる国＝日本）、おお清朗の朝雲に、
　　　　聳ゆる富士の姿こそ、金甌無欠（完全で欠点がない）揺るぎなき、
　　　　我が日本の誇りなれ

　　　　見よぶっ欠けの皿あけて、まだ食い足りぬイモの粥、哀れな児
　　　　らにハラハラと、涙は落ちる親同士、大欠乏の朝ごはん、そび
　　　　ゆる富士の姿ほど、米味噌積んで揺るぎなき、我が日本にはや
　　　　くなれ

　これは中学生の作ったものと言われています。なかなかのものではありませんか。ついでにもう一つ。1940（昭和15）年は神話で言うとこ

第九話　十五年戦争下の憲法

三郎は偏狭な国家主義を引っ込めて「万教同根」の「人類同朋主義」を唱えるが、昭和恐慌や満州事変の社会不安に際会し、再びファシズム運動の性格を強めて先鋭化。35年、教団の壊滅を狙って武装警官が再度教団本部を急襲、神殿をダイナマイトで爆破。王仁三郎ら幹部61人が不敬罪

出口王仁三郎

・治安維持法で起訴され、大本教団は一旦壊滅に追い込まれた。宗教に対する統制や弾圧は天皇を現人神とする国家の重要なテーマの一つであり、多くの教団は国家の統制に服したが、大本をはじめ他にも国家から危険視されて弾圧を受けた宗教者や団体は少なくなかった）

1936　(S.11)　二・二六事件（同年2月26日、陸軍内部の皇道派（国家主義運動の理論的指導者北一輝の思想に共鳴し、テロによる国家改造をめざしたグループ）の将校ら、1400人余の部隊を率いて政府要人宅などを襲撃、斉藤実内大臣、高橋是清蔵相、渡辺錠太郎教育総監らを殺害。国会議事堂とその近辺を占拠。昭和天皇これを聞き激怒。東京市に戒厳令が敷かれ、間もなく反乱軍を鎮圧。首謀した将官ら17名に死刑判決。この後、皇道派と対抗していた統制派（直接行動を唱える皇道派と一線を画し、軍部を一丸とする国家改造を目指していたグループ）がヘゲモニーを掌握し、軍部によるファッショ的な支配が強まる契機となった）

紀元2600年奉祝国民歌

ろの神武天皇の即位の年から数えて2600年に当たるというので、この年に「紀元二千六百年祭」という大行事が行われました。この時も国民から歌詞を募集して「紀元二千六百年」という歌が作られ、他に歌いたい歌が少なかったからでしょう、流行歌の「代用食」として結構歌われました。これも、上が元歌、下が替え歌です。

金鵄(きんし)(神武天皇が東方の敵を攻めたとき弓の先に止まって味方を勝利に導いたという金色のトビ)輝く日本の、栄えある光身にうけて、いまこそ祝えこの朝(あした)、紀元は二千六百年、ああ一億の胸はなる

金鵄上がって十五銭、栄えある〝光〟三十銭、いまこそ来たぜこの値上げ、紀元は二千六百年、ああ一億の民は泣く(「金鵄」「光」は何れも当時のたばこの銘柄)

話を治安維持法の方に戻しますと、明治憲法体制下では、早くから「不敬罪」や「大逆罪」というものがあって、天皇や皇族に危害を加えたり尊厳を傷つける行為を処罰してきました。これは諸外国でも王室や皇室の制度があるところではよく見られたものですが、最近は少なくなってきており、日本では戦後、新憲法の公布とともに削除され、一般的な名誉棄損罪等の中に解消されました。この不敬罪や大逆罪も、日本の場合こうした国体観念と連動したものと言えますが、両者を含む旧刑法の「皇室に対する罪」の検挙件数は、1924(大正13)年から1927(昭和2)年までは年にほぼ10件台で推移していたものが、28(昭和3)年になると131件と急増しています。略年譜でお分かりのように、

第九話　十五年戦争下の憲法

1937　（S.12）　**日中戦争開始**（首相が突然の議会解散で手詰まりを
打開しようとしたのはつい最近我々も目にした光
景だが、それに失敗した林銑十郎のあとを承け、
近衛文麿が首班に着いて間もなく、北京郊外の盧
溝橋で日中両軍衝突。いわゆる「泥沼の日中戦争」
がはじまった。蒋介石率いる中国国民党と毛沢東率
いる中国共産党の合作が進み、各地で日本軍苦戦。
予想に反して戦闘長期化の気配となる）

1937　（S.12）　**国民精神総動員**（閣議、日中戦争遂行のため国民精
神総動員実施要綱を決定、「尽忠報国」「挙国一致」
「堅忍持久」などのスローガンを掲げて国民の協力
を求める。その一環として内閣情報部は国民歌「愛
国行進曲」の歌詞を一般から募集、当選作がレコ
ード化されて百万枚のミリオンセラーとなった。他
方、裏の社会では、「見よ東海の空明けて…」とい
う歌詞を、「見よ東条の禿げ頭」などと揶揄する替
え歌が流行を見た。「東条」（英機）は関東軍参謀長
として日中戦争を推進、日米開戦時の首相。政府は
こうした官製の「軍国歌謡」を奨励する一方で戦意
高揚に向かないと見た歌謡曲を次々に禁止したが、
そこからも数々の替え歌の「名曲？」が生まれた。
しかし、こうした民衆意識の二重構造をどう評価す
るかは見方による）

1937　（S.12）　**日独伊防共協定締結**（日本は前年の36年、日中戦
争の拡大に深まった米英両国との対立に対処するた
め日独防共協定を結んでいたが、その侵略主義によ
って日独同様国際的な孤立に陥っていたイタリアが
これに加わり、いまや「世界の孤児」となった日独

77

28年と言えば、共産党員が治安維持法違反で大量に検挙された3・15事件があり、その直後に治安維持法があたふたと改正されて、死刑や無期刑が追加された年ですが、これらの出来事はむろん関連付けて捉えなければなりません。

　前述のように、大正という時代は、デモクラシー運動が下支えとなり、帝国憲法の民衆寄りの解釈が議会政治をそれなりに活性化させた時代だったと言えます。ところが大正末期から昭和初期にかけての震災や恐慌を契機とする社会矛盾の激化に伴い、国家の支配者たちは、天皇や皇族に対する不敬だけでなく、天皇制国家そのものを批判するような思想や言動に対しても、処罰の対象を広げていかなければならないと考えたのです。

　とりわけ彼らの危機感を煽ったのは、資本家と労働者、地主と農民等の階級闘争の激化であり、それを思想的に支えていたマルクス主義の影響力の増大でした。治安維持法の対象は「国体ヲ変革シ又ハ私有財産制度ヲ否認スルコト」に向けられていますが、「私有財産の否認」とは、権力側の「理解」するところのマルクス主義に他なりません。しかし私たちがマルクスの原典から理解する限りでは、「みんなが必要とするものを平等に（機会均等に）働いて得られる豊かな社会（＝共産社会）を実現すること」が究極の目的であって、そのためには、社会的な不平等の根幹にある「私的所有」の制度や観念から、自らを解き放っていかなければならない、というのが彼の主旨だったと思われます。ですから、「私的財産の否認」があたかもマルクスの主目的であるかのように矮小化することで、彼らはこの法律に、政治的なプロパガンダの役割まで持たせていたわけです。（尤も、マルクス主義者の中にもそうした理解に止まる人がいたことは否めないので、その責めは一部のマルクス主義者も負わなければなりませんが）。

　「私有財産制の否定」はまだしも、政治的なプロパガンダの世界では、その革命説の暴力的な性格や、一党独裁の非民主的な性格だけを一面的に強調して、「アカ」の恐怖を煽るということも繰り返し行われ

第九話　十五年戦争下の憲法

1937（S.12）　**人民戦線事件**（人民戦線とはヨーロッパで発生し
　〜　　　　　た<u>反戦・反ファッショを目指す統一戦線の運動</u>で、
1938（S.13）　コミンテルン（ソヴィエト共産党の指導の下、各国の共
　　　　　　　産党や社会民主党のグループによって結成された国際共産
　　　　　　　主義運動のセンター）もこれを支援しフランスやスペイ
　　　　　　　ンでは一時人民戦線派が政権を樹立するほどの影
　　　　　　　響力を持った。日本ではその波及を恐れ、左翼運動
　　　　　　　の根絶をめざし、この年から翌年にかけて、同じマ
　　　　　　　<u>ルクス主義の立場に立</u>ちなが
　　　　　　　ら革命の路線を巡って日本共
　　　　　　　産党や講座派と呼ばれる学者
　　　　　　　グループと対立していた日本
　　　　　　　無産党の政治家鈴木茂三郎や
　　　　　　　加藤勘十、<u>労農派グループの
　　　　　　　理論的指導者山川均</u>、猪俣津
　　　　　　　南雄、向坂逸郎、<u>労農派の教</u>

山川均

　　　　　　　<u>授グループ大内兵衛</u>、有沢広巳、美濃部亮吉らが、
　　　　　　　人民戦線とのかかわりを理由に<u>相次いで検挙</u>され
　　　　　　　た。その後弾圧の矛先は、戦争に批判的なリベラリ
　　　　　　　ストにまで及んでいく。

1938（S.13）　**国家総動員法**（日中戦争の長期化が見込まれる中、
　　　　　　　戦争遂行に必要な人的・物的資源の確保を目指し
　　　　　　　て、<u>国民生活に強力な統制</u>を加えるために制定され
　　　　　　　た法律。戦時における資源、資本、労働力、貿易、
　　　　　　　運輸通信などあらゆる経済部門に統制を加え、国民
　　　　　　　の徴用、争議の禁止、言論の統制など国民生活を全

てきました。そして、ベルリンの壁の崩壊に象徴される東欧の社会主義諸国の消滅や、かつての社会主義大国ロシアや中国における資本主義経済導入以後の急激な変貌ぶりは、「アカ」に対する偏見を残したまま、社会主義や共産主義を過去のものとして葬り去ろうとする機運に拍車をかけています。私たちは勿論、現実世界における社会主義者や共産主義者、社会主義や共産主義を標榜する国々が抱えていた欠点を決して見逃すべきではありません。しかし、社会主義や共産主義に対する賛否は色々あるにしろ、私たちはそれらが、産業革命以降の資本主義の発展とともに繰り広げられてきた勤労大衆への過酷な支配に対する批判として、抵抗として生まれてきたものだということ、言い換えれば、社会主義や共産主義の直接的な生みの親は資本主義社会そのものであったということを忘れてはなりません。

とりわけ、産業革命以後18世紀から19世紀にかけてヨーロッパ諸国で急速な発展を遂げていった資本主義経済は、ブルジョアジー＝資本家たちの野放図な利益追求に委ねられていたため、プロレタリアート＝労働者階級は、低賃金や長時間労働など過酷な労働条件の下、極めて悲惨な生活を強いられていました。その情景を眼前にして、資本主義経済を支えていた古典派と呼ばれる人たちの経済学説や思想状況に徹底した批判を加え、大著『資本論』によって、資本家による勤労大

改造社版『マルクス・エンゲルス全集』（1921年刊行開始）の新聞広告

第九話　十五年戦争下の憲法

面的に国家に従わせる権限を政府に白紙委任した悪法。その後、同法に基づく勅令として国民徴用令（軍需を重点とした重要産業に国民を強制的に従事させる勅令）、国民職業能力申告令、価格等統制令、新聞紙等掲載制限令等々が公布され、国民生活を全面的に拘束していった）

1939　(S.14)　ドイツ軍ポーランドに侵攻第二次世界大戦始まる。

1939　(S.14)　平賀粛学（東京帝大総長平賀譲は、経済学部の河合栄治郎とその反対派だった土方成美両教授の休職処分を文相に上申。河合は、かつてマルクス主義を批判して文部省の「思想善導」にも協力していたが、その後自由主義とヒューマニズムの立場からファシズムを批判し右翼からの攻撃に晒され、『ファシズム批判』『時局と自由主義』など４著がすでに発禁処分を受けていた。これに対し経済学部教官13人が抗議の辞表を出したが、間もなく両教授は休職処分となった。大学の自治、学問の自由を大学が自ら放棄した事件）

河合栄治郎

1940　(S.15)　斎藤隆夫の反軍演説（衆議院で立憲民政党代議士の斎藤隆夫、政府の「支那事変」処理方針に対し、ひとたび戦争になればもはや是非善悪の争いでなく「徹頭徹尾力の争いであって、八紘一宇とか東洋永遠の平和と

斎藤隆夫

81

衆からの搾取の仕組みを鋭く解き明かしたのが、他ならぬカール・マルクスその人だった訳です（勿論、その盟友フリードリッヒ・エンゲルスも含めて）。ですから、彼は一方で『共産党宣言』などによって、理想社会の実現を説き、万国の労働者に「団結せよ」と訴える社会運動の指導者であったと同時に、その思想は、彼の綿密な実証を踏まえた学問的な研究成果に裏打ちされたものだったのです。

とはいえ、ここは彼の学問的な成果や思想的な特徴について検討する場ではないし、私たちもその専門的な研究者でもないので、話を資本主義経済が生み出した問題状況そのものに戻し、日本の場合はどうであったのかについて振り返ってみましょう。

1868年、徳川の治世が終わりを告げ、薩長を中心とする維新の功臣らによって、新政府が誕生します。彼らが討幕運動の支柱としてきた尊王思想が、やがて成立する帝国憲法にそのまま投射されていった点については、すでに見てきたとおりですが、かつては「尊王」に貼りついていた「攘夷」の方は、薩英戦争や下関事件（長州藩と英米など4か国の連合艦隊との交戦）における完膚なきまでの敗北を契機に切り離され、急遽「尊王開国」へと舵が切り直されました。この時すでに欧米の資本主義は爛熟期に達し、資本の独占化が進み、その矛盾の解決を海外への進出に求める最期の段階、レーニンやホブソンと云った人たちが「帝国主義」と規定した段階を迎えていたので、維新を担った人たちが、この状況に強い危機感を抱いたのは当然だったと言えるでしょう。しかし、このとき彼らが選んだ道も当然だったと言えるかどうか、そこを私たちは私たち自身の眼でしっかりと確かめてみなければなりません。

周知のように、維新政府が目指したのは、100年以上の差があると見られた西欧文明をひたすら追走し、「文明開化」「富国強兵」を合言葉に、遮二無二日本を近代化（＝資本主義化）して、西欧列強に追いつき追い越すことでした。そのためには日本にも産業革命を起こしていかなければなりません。しかし、その資本は、幕藩制時代からの政商

第九話　十五年戦争下の憲法

か聖戦とか言っても、それは空疎な偽善であると批判し、軍部辺から「聖戦を冒涜するものとの声が上がり、本会議で除名処分を受ける）

1940　（S.15）　**津田左右吉事件**（「日本書紀」の記述をもとにこの年が神武天皇即位から2600年にあたるとして国や自治体が祝賀ムードに力を入れる中、文献批判に基づいて古事記や日本書紀の神話が客観的な史実でないことを論証し、日本古代史の科学的な研究に貢献した早稲田

津田左右吉

大学教授津田左右吉が、右翼団体「原理日本」社の蓑田胸喜らから皇国史観に反する大逆思想として激しい攻撃を受け大学を辞任、『古事記及日本書紀の研究』『神代史の研究』など4著が発禁となった）

1940　（S.15）　**大政翼賛会発足**（陸軍の画策で対米協調路線の米内光政内閣が降板。再び首班の座に就いた近衛文麿は、軍部の独走を阻む強力な政治体制の確立をめざし、全政党を解党して、「大政翼賛会」を成立させるが、軍部や政党の思惑が交錯する中、精神主義を強調する政府・軍部への協力機関と化し、国民を戦争に駆り立てるだけのものとなった）

1941　（S.16）　日本軍ハワイ真珠湾攻撃、日米開戦

1942　（S.17）　**翼賛総選挙**（日米開戦に踏み切った東条英機内閣の下、衆議院議員選挙が行われ、政府は自らの人選によって「翼賛政治体制協議会」を結成させ、この協議会が定数と同じ候補者を推薦するという形を取っ

資本や富裕な地主層からの調達に頼るほかはなく、その事が後々まで
さまざまな社会問題を引きずっていく要因となっていったのです。

　日本の産業革命はふつう1894-5年の日清戦争前後、製糸・紡績など
の軽工業を中心とした第1次と、1904-5年の日露戦争前後、製鉄・造
船などの重工業を中心とした第2次の2期にわたって起こったと考え
られています。これによって日本の資本主義が急速な発展を遂げたこ
とは確かですが、私たちは、その裏に過酷な労働条件（低賃金や長時間労
働など）による労働者の犠牲があったことを忘れる訳には行きません。

　たとえば、第1次の産業革命期にあたる1890年代の終わりころに
は、対外貿易の60％前後が生糸産業の労働者によって占められ、その
大半は「糸ひき」と呼ばれる製糸女工でした。その場合、彼女たちの
殆どは貧しい農家の出身で、大抵は人身売買か誘拐まがいの手段で連
れてこられたと云います。しかも、その労働時間はというと、1日平
均13時間から14時間、時には19時間に及ぶ例もあったそうです。1
日が24時間だということを考えると、それがいかに過酷なものであっ
たか容易に実感して頂けるでしょう。その上、宿舎は不潔で狭く、食
事も粗末で、病気（主に肺結核）にかかって死んだり、自死に追い込ま
れる人たちがあとを絶たなかったようです。

　ちなみに今の労働基準法は1日8時間の労働を限度としていますが、
過重な時間外労働や休日労働による障害や自死者が絶えないのは、労
働を支えている構造自体が100年前と少しも変わっていないからに違
いありません。

　こうした近代化の裏側で展開された製糸女工たちの悲劇については、
大正末の1925年に小説家で社会運動家の細井和喜蔵が『女工哀史』を
著して、人々に大きな衝撃を与えましたが、戦後はさらに元女工たち
の証言を踏まえた山本茂実のノンフィクション『ああ野麦峠』がベス
トセラーとなり、山本薩夫がメガホンを取って映画にもなったのでご
記憶の方も多いでしょう。大竹しのぶ演ずるところの主人公が、信州
諏訪の製糸工場で働き、結核にかかって「用済み」とばかりに解雇さ

第九話　十五年戦争下の憲法

て選挙戦に臨んだ。非推薦の候補者に対する官憲の露骨な嫌がらせや弾圧の下で選挙が行われ、推薦候補者は381人、非推薦候補者は85人が当選した。選挙後この推薦議員を中心に「翼賛政治会」が結成され、国会はまさに政府の御用機関と化した）

1942　(S.17)　横浜事件（雑誌『改造』に掲載された評論家・社会問題研究者細川嘉六の「世界史の動向と日本」が発禁処分となり、細川は検挙。さらに細川が郷里の富山県泊町の料亭で催した自著の出版記念会の一葉の写真が特高の手に入り、これをもとに共産党再建のための会なるものがでっち上げられ（泊事件）、容疑が細川の主宰

細川嘉六

していた塾や出版社に拡大されて、合計49名が治安維持法容疑で検挙された。すさまじい拷問によって4名が獄死し2名が病死した。また『中央公論』『改造』の2社に「自発的廃業」が申し渡された。対米戦争下で特別高等警察によりでっち上げられた最大の言論弾圧事件）

1945　(S.20)　米軍沖縄本島に上陸、東京大空襲や広島・長崎への原爆投下で多数の犠牲者を生む。

1945　(S.20)　日本ポツダム宣言受託、無条件降伏、敗戦。

れ、迎えに来た兄の背に負われて、来たときと同じ野麦峠から故郷の飛騨の山々を見ながら息を引き取る場面、あれは日本の近代化というものが、それを底辺から支えていた人たちにとっては何であったのか

長野県岡谷の製糸工場で糸を繰る女工たち。右側の男性は女工の監視役「検番」か。

を、殆ど語り尽くしていたのです。

　これはほんの一例ですから、もっと近代の全体をカバーするような事実を知りたいと思われる方は、上記の『女工哀史』『ああ野麦峠』のほか、新聞記者の横山源之助が綿密な調査をもとに資本主義形成期における労働者や農民の生活実態を明らかにした『日本の下層社会』（1899年刊、岩波文庫に収録）や、経済学者河上肇が「貧乏」を切り口として資本主義下の社会問題を論じた『貧乏物語』（1917年刊、岩波文庫に収録）などを一読されることをお勧めします。

　そうした観点から、いま一度治安維持法の問題に立ち返るなら、国家権力が当面の標的にしたのは確かに労働運動の活動家やマルクス主義の信奉者たちでしたが、国家権力が最も恐れていたのは、彼らによって文明開化の悲惨な裏面が焙り出され、人々の不満に火がついて、来たるべき戦争に向けた動員体制に遅滞が生じることだったと思われます。その意味で、私たちが歴史を振り返るとき何よりも大切なのは、

第九話　十五年戦争下の憲法

イデオロギーの対立と見えるものでも、まずは眼前の「生きた現実」を直視するところから始めなければならないということでしょう。

3. 敗戦――帝国憲法体制の終焉

　15年戦争下で、立憲政治の息の根を止めた出来事としては、治安維持法による弾圧のほかに、5・15事件や2・26事件などの軍部や民間右翼によるテロ事件がありますが、もう一つ注目しなければならないのは、1935（昭和10）年のいわゆる「天皇機関説事件」です。

　略年譜にもその概略を書いておきましたが、同年春、貴族院の本会議で、右翼的な言動で知られていた菊地武夫議員が、同じく議員だった憲法学者美濃部達吉の「天皇機関説」と呼ばれる学説を、「国体」に反するものとして激しく攻撃したのが発端でした。「天皇機関説」とは、一言でいうと、明治憲法の規定する天皇主権を一応認めつつ、「天皇は法人である国家の最高機関であり、その限りで、国民を代表する議会の意見は、内閣を通して天皇の意見を拘束しうる」というものでした。この説はお分かりのように、明治憲法を立憲主義の立場から解釈しようとした吉野作造らの民本主義の主張とも相通じるところがあり、ほぼ大正期から昭和初年まで通説化していたものです。当時は昭和天皇も「自分は機関説である」と述べていたそうです。

　ところが、菊地の演説をきっかけに、右翼や軍部による機関説への攻撃がさらに激しくなったため、政府は二度にわたって「国体明徴声明」を発し、「機関説は排除されねばならない」と断じたのでした。その結果、美濃

発禁となった美濃部の図書の一つ『憲法撮要』

87

部は不敬罪で告発され、機関説関連の著書が発禁となり、ついに同年秋、議員辞職のやむなきに至ったのです。魔女狩り裁判さながらの出来事でした。(ちなみに戦後社会党や共産党の支持を受け、初の革新系東京都知事となった美濃部亮吉は、達吉の長男です)。1932(昭和7)年、5・15事件が起こった時、首相官邸を襲った青年将校らは、「話せばわかる」という犬養毅を「問答無用」と叫んで射殺しました。その意味で、美濃部の口を塞いだ当時の国会もまた「問答無用」の場と化していたのでした。日本が泥沼の日中戦争に突入したのは、そのわずか2年後の1937(昭和12)年のことです。そのときすでに日本には、戦争に歯止めをかけるものが無くなっていたのでした。

　そして、1945(昭和20)年8月15日、日本はポツダム宣言を受け入れて、ついに敗戦の日を迎えます。この戦争(日中戦争と太平洋戦争)で亡くなった日本人は、軍人が約230万人、民間人が約80万人、計310万人。日本軍が版図を広げたアジア・太平洋地域の国々では、少なく見積もっても1000万人以上、資料によっては2000万人以上の死者があったと言われています。こうした数字は「かたまり」として見るのではなく、一人ひとりの命のかけがえのなさを想いながら受け止めるべきでしょう。

　それはさておき、こうした結果を受けて、戦後、ご存じの極東国際軍事裁判が開かれ、主だった戦争犯罪人の25人全員に絞首刑を含む有罪の判決が下されました。この裁判については戦勝国が戦敗国を裁くことの正当性を問う議論が続いていますが、もし、歴史の法廷というものがあり、非人格的な事柄にも戦争責任を問うことが可能だとしたら、天皇大権とその神聖性を謳い、国体論の暴走に道を開いた「大日本帝国憲法」は、当然、被告席の筆頭にあげられるべきものと言えるでしょう。しかし、それを告発する資格は誰にあり、どのような判決文が書かれるべきなのでしょうか。判決文はまだ、われわれの歴史意識が成熟して空白を埋めるまで、白紙のまま目の前に置かれているはずです。そこにどのような内容が盛り込まれていくかによって、現今

第九話　十五年戦争下の憲法

の憲法問題の帰趨が決まって行くように思えてなりません。

　先ごろ、ノーベル文学賞を受賞したカズオ・イシグロは、2018年1月13日放送のNHKのインタビュー番組の中で、最近作の『忘れられた巨人』について触れ、忘れられた巨人とは、「葬り去られた負の記憶」のことであり、国家や社会が忘れようとしてきたことを「忘れまい」というのがその主旨だと云い、「過去をどう扱うかは我々の未来に関わることだ」と述べています。また、「分断の時代」にあって「人類として共に取り組むべき課題は何か」を考えることが何より重要だ、とも。

　共に噛みしめたい言葉です。

農家の庭先で敗戦の「玉音放送」を聞く人々

第十話 「新」憲法を手にして ——私の決意

　　新憲法の成立事情や中身について解説したものは、すでに多く存在しているので、ここでは、幼少時に戦地で父を亡くした犬島肇さんに、新憲法との出会いが何をもたらしたのかについて、思いのたけを語ってもらいました。　　　——小澤

　現行の日本国憲法、ことにその第九条は危機に瀕しています。私の体験を振り返り、人類最高の理想を示すこの憲法九条を堅持していく決意を綴ります。

日本国憲法前文（部分）

…日本国民は、恒久の平和を念願し、人間相互の関係を支配する崇高な理想を深く自覚するのであって、平和を愛する諸国民の公正と信義に信頼して、われらの安全と生存を保持しようと決意した。われらは、平和を維持し、専制と隷従、圧迫と偏狭を地上から永遠に除去しようと努めてゐる国際社会において、名誉ある地位を占めたいと思ふ。われらは、全世界の国民が、ひとしく恐怖と欠乏から免かれ、平和のうちに生存する権利を有することを確認する。…（中略）日本国民は、国家の名誉にかけ、全力をあげてこの崇高な理想と目的を達成することを誓ふ。

第十話 「新」憲法を手にして

> **日本国憲法第九条**
> ① 日本国民は、正義と秩序を基礎とする国際平和を誠実に希求し、国権の発動たる戦争と、武力による威嚇又は武力の行使は、国際紛争を解決する手段としては、永久にこれを放棄する。
> ② 前項の目的を達するため、陸海空軍その他の戦力は、これを保持しない。国の交戦権は、これを認めない。

(1) 戦死の悲報到来

次の写真は、1931（昭和6）年に父が富山市の旧制神通中学生時代に写したもので「護国の勇士・犬島左近」とのペン書きがあります。父は戦死し、私は「戦争遺児」になりました。マーシャル群島（第一次世界大戦の結果、ここは日本の「委任統治領」となっていました）のマロエラップ環礁で戦闘機を整備していた時、米軍機の襲撃を受けて「戦病死」したといいます。

1944（昭和19）年の初夏、戦死の公報を受け取った母は、台所でうめき声をあげて泣き崩れました。私が3歳の時ですが、はっきりとした記憶があります。父の遺骨が届き、母は「入っていたのは砂。骨は入っていなかった」と言いました。

父の写真

歴史学者・藤原彰の『餓死した英霊たち』によると、当時、日本軍は食料・医薬品などの輸送・補給ができず、餓死した兵士たちが圧倒

的に多いのです。父の場合も、「餓死」だったでしょう。この環礁は、1954年から1958年まで米国が水爆実験を繰り返したビキニ環礁に近く、日本列島から遠く離れた戦場で、日本兵が闘える状態にあったとは到底考えられません。

　翌1945（昭和20）年7月、米軍は富山市に原爆の模擬爆弾を投下し、8月2日未明、B29が、大挙して中心部を空襲し、3千名前後の市民を殺傷しました。私の家はこの中心部から8キロも離れた岩瀬というところにありましたが、空襲で燃え盛る熱風が押し寄せて、庭の松がザワザワと鳴り、米軍機の巨体が大蛇のように、次々に東に向かって飛び去って行きました。

(2)　靖国神社へ集団参拝

　8月末、米軍の飛行機が飛来し、赤・白・青・黄などさまざまな色の落下傘を投下しました。翌日、小雨が降るなか、みじめな蓑笠をまとい、背の高い多数の外国人たちが富山の町に向かって行進していきました。私の家の近くに豪州兵たちの捕虜収容所があったのです。戦場から帰還した「傷痍軍人」や、満州からの「引揚者」、戦争で父を失った「戦争孤児」、朝鮮人の子供等は陰に陽に差別・蔑視に曝されました。小学2年のとき、担任が「給食費がなかなか集まりません。父親がいない人は立ちなさい！」と命じました。私のほか5，6人の同級生が、恥ずかしそうに立ちあがりましたが、朝鮮人の同級生はことのほか貧しく、チョウセン、チョウセント…パカニスルナ、と怒っていました。富山県は内務省の調査によると、1945年6月の時点で工業製造出荷額が全国第6位であり、軍需工場も多く、朝鮮半島から連行同様に富山に移ってきた人たちは、工場周囲にある多数の「飯場」（鉱山や工事現場近くに設けられた労働者の宿泊所）に住み、文字通り赤貧状態でした。1947（昭和22）年秋の日の朝、「明日、天皇陛下が昭和電工に来る」とのうわさを耳にし、同工場の入り口まで行ってみたところ、立

錐の余地のない人だかりで、熱気さえありました。

　6年生になり、「戦争遺児」は「靖国神社集団参拝」に行きました。神社の森が初夏の陽光を浴びて眩しいなか、松村謙三代議士（当時の富山2区選出、厚相、文相などを歴任、日中友好に貢献した）が「激励」の挨拶に来ました。私の心の中は複雑でした。担任は授業中、「皆さん、今度の戦争で日本は悪いことをしました。アメリカやイギリスなど世界の国々にお詫びしなければなりません」と言ったからです。それは解るような気がしましたが、それなら、父の死は「ムダな死」なのか？また他方、それならなぜ、天皇陛下のために命を犠牲にした「英霊」が祭られる神社へ行き、激励を受けるのだろうか？との疑問が、私の胸の中を去来していました。

(3)　「犬死」と「英霊」の矛盾を昇華する≪日本国憲法前文と九条≫に追いつく

　戦後、「戦争未亡人」となった母は、昭和電工の事務員として働き、労組の婦人部副部長になりました。「戦争未亡人」はみなみじめな生活を強いられました。暗く辛い表情で焼き芋を売ったり、乗り合いバスの切符を売ったりして、子供を抱えて日々必死に働くしかありませんでした。私の母は、時折、会社の図書館から、小林多喜二の『蟹工船』『不在地主』『東倶知安行』などを借り出して読みました。「なぜ戦争が起きたのか、解るような気がする」と小声で私に呟きました。祖母が「おらとこの母ちゃんは学者か」と嫌味を言うからです。私もそれらの小説を盗み読みしました。こうして、これらの本を読むうちに、胸中に居座っている「犬死」と「英霊」の矛盾を、母子ともども徐々に整理する方向に進み始めていたような気がします。

　この時期、「新しい日本国憲法」という片言や、「日本は戦争をしない国になった」「平和国家建設」「文化国家」という言葉をよく耳にするようになりました。しかし、小学、中学時代を通じて「日本国憲法」

を真正面から取り上げて教えた教師はいませんでした。中学生になった頃、朝日新聞を取ってくれと母に強くせがみました。収入の乏しい母には大変でしたが、小言も言わずに聞き入れてくれました。私が共感を覚えた「戦後文化」「戦後思想」といわれる事柄は新聞等から獲得していったものです。高校生になって、すでに施行されている「日本国憲法」に心が奪われる時が訪れました。

　この憲法には前文と九条があり、私たちの国の今後の未来が強い精神的な骨格を以て記されていると私は感じました。ああ、こうでなければならない、こうであるべきだと・・・。その「前文」はことのほか格調高く、日本人の「魂」のようなものが託されていると私は確信しました。「日本国民は、恒久の平和を念願し、人間相互の関係を支配する崇高な理想を深く自覚する」という個所に、日本は世界に通用する高いレベルの学問・文化の力を持ち、その世界共通の精神を実行しようとする決意に、私は誇りさえ感じました。これは国内外の無数の「いのち」を奪った戦争を反省する日本人自身の内心からの「叫び」と「祈り」であって、外国やGHQ、マッカーサーから押し付けたものではありえない、と思いました。これでこそ父およびその他の大勢の日本人たちの戦死は「犬死」ではなく、「恒久の平和」の「崇高な理想」へと連なり、昇華されて行きます。父は写真に「護国の勇士」と記入しましたが、彼は「恒久平和の勇士」となったのだ、そう考えなければ「犬死」の惨死から免れることができない、と私は思いました。「英霊」というなら、「全世界の国民がひとしく恐怖と欠乏から免れ、平和のうちに生存する権利を有する」と決意する日本国民全体の「英霊」でなければならないと考えたのです。私にとって「日本国憲法」はまさに心の救済となり邂逅とさえなりました。私はようやく日本国憲法に辿り着いたのです。

　この憲法前文を片隅に追いやってはなりません。山室真一は『憲法９条の思想水脈』で、冒頭に掲げた前文と憲法第九条との関係について、「憲法９条はその一つの条文だけで成り立っているわけではない。

第十話 「新」憲法を手にして

いや、正確に言えば、起草過程において戦争放棄条文の一部であったものが前文に移されて、その趣旨を明確にした構成になっており、憲法9条は前文と密接な一体性をもって成り立っている。そして、全文が条文解釈の基準となることは、通説として認められており、単なる政治的な宣伝として前文が置かれているわけではない」と記しています。それだけではなく、この前文は、九条を核心とする日本国憲法全体の「マニフェスト」としても崇高な中身を持っています。

明仁親王＝現上皇の書初め

　平成天皇も敗戦翌年の1946（昭和21）年元旦の書初めで（学習院初等科時代）「平和国家建設」と認めています（ジョン・W・ダワー『敗北を抱きしめて』）。天皇は、新しい憲法に規定された「象徴」としての道を国民とともに積極的に模索し、精いっぱい努力した人間です。天皇の様々な歩みの中に、「日本国憲法」の精神に誠実に近づこうとする努力の軌跡が確認できるのではないでしょうか。

(4) 原点は憲法制定時　——九条の理想を、私たちの「日常」から汲みつくす

　この憲法が国会で制定される過程で民間の研究者なども多数の意見を述べ、活発な論議が行われていました。1946（昭和21）年6月26日の衆議院本会議の、日本進歩党・原夫三郎議員の質問に対する吉田茂首相の答弁も引用に値すると思います。
　「第九条第二項において一切の軍備と国の交戦権を認めない結果、自衛権の発動としての戦争も、又交戦権も放棄したものであります。従来近年の戦争は多く自衛権の名に於て戦われたのであります。満州事変然り、大東亜戦争亦然りであります。今日我が国に対する疑惑は、

日本は好戦国である、何時再軍備をなして復讐戦をして世界の平和をも脅かさないと分らないと云うことが、日本に対する大きな疑惑であり、又誤解であります、（中略）故に我が国に於ては如何なる名義を以てしても交戦権はまず第一に自ら進んで放棄する、放棄することに依って全世界の平和の確立の基礎を成す、全世界の平和愛好国の先頭に立って、世界の平和確立に貢献する決意を先ずこの憲法に於て表明したいと思う」。吉田茂は、戦争放棄＝平和へ向かって、激しく積極的に、かつ情熱をこめて振舞っていることが分かります。

　現下の安倍政権は「九条」を破壊する異常な執念を燃やしています。九条の第一項と、「前項の目的を達するため、陸海空軍その他の戦力はこれを保持しない。国の交戦権はこれを認めない」とする第二項の後に、第三項として「自衛隊」を書き込む、と言います。国民のために働いている自衛隊員が「憲法違反」といわれるのでは肩身が狭かろう、というのです。すでに安倍自民党は「集団的自衛権」容認を前提とした安全保障関連法を強行採決しています。この上に、第三項を設ければ超憲法的な日米安保のもと（そして米国の属国のような日米地位協定のもと）、自衛隊は、米軍の戦略によってアジアだけでなく地球の裏側にまで出撃することになります。かつて吉田茂首相が強く否定していた「自衛権」などの名目で・・・。

　米国のチャールズ・オバービー（Charls M Overby 1926〜　オハイオ大学名誉教授）は戦後70年余の日本の歩みを感動的に描きます。「今、世界の中で、戦場で息子に人殺しをさせないでおられる母は、日本の母親しかいないのですよ。平和憲法第9条があなたと大切な息子を守っているのです。戦争を放棄した「日本国憲法第9条」は、世界のどの国にもない誇り高いものです。世界中の平和を望み愛する人々のあこがれと希望なのですよ。これを世界に広げてほしいのです」と。

　憲法制定時の原点に戻りましょう。1945（昭和20）年の冬、森戸辰男、高野岩三郎らが「憲法研究会」を結成して「憲法草案要綱」を発表し、「国民は民主主義並平和思想に基く、人格完成、社会道徳確立、

第十話 「新」憲法を手にして

諸民族との協同に務むる義務を有す」と言いました。最近、しばしば「武力ではなく外交で・・・」と耳にしますが、その「外交力」は大丈夫でしょうか。「外交」には日本人の総力が問われます。例えば、「貿易立国・日本」といいますが、自動車その他の製造業に次々に発生する不正は許されますか。「入国管理法」を改定してアジア諸国民の安価な労働力を買い込むのですか。「人間」として尊ぶ原則を抜きにしてアジアの人びとから信頼が得られますか。このような日常卑近な問題などにも、日本国憲法にかかわる重要な事柄として、関心を持たなければならないのではありませんか。私たちは買い物をするたびに自動車に乗りますし、コンビニなどで外国人が働いている姿を見ます。要するに、これらの日常の出来事や諸問題をも、私たちの毎日の労働と行動・生活における「人格」「社会道徳」「諸国民との協同」を創りだす営みとして、つまり憲法九条を成り立たせている基盤として、考えていかねばならないのではないかと思います。憲法九条は、私たちの「非日常」「外部」の問題ではなく、我々の「日常」によって支えられているのではないでしょうか。私たちの営みという小さな積み重ねの全体が、「外交の力」、つまり憲法九条を生き生きと守り、発展させる力になるのだと思います。

　憲法前文と九条を念頭に、しっかり日常生活を生き抜こうではありませんか。

《コラムの頁》

新憲法下の日本を考える　―地域史の視点から

　第一話から第九話までの物語は、歴史研究に携わる小澤、吉田の二人が主に担当したため、あとの方々からは色々意見を頂いたものの、それらを物語の中に十分に反映させることができませんでした。そこで、他の方々の率直な声も皆様にお届けしたいと、このようなコラムの欄を設けて、それぞれの思いを自由に書いて頂きました。ご覧のように、扱われている事柄はバラバラのように見えて、いずれも今の憲法に照らして見えてくる現実に、厳しい目を向けたものであることに気づいて頂けることと思います。最初のコラム「天皇をどう思われますか？」だけは新憲法に関わるものではありませんが、敗戦前後の市民の意識状況を知る上で、第一級の資料であると考えます。問われているのは私たちの想像力です。

――小澤

天皇をどう思われますか？
―米軍に問われた富山市民

勝山 敏一

　1945年12月、歳末の押し迫った24日から27日にかけ、51人の富山市民が富山県庁に呼び出され、アメリカ軍から41の質問に答えを求められました。国会図書館憲政資料室にマイクロフィルムで保存されたその応答記録は、敗戦4か月後の富山市民の様子がよく伺えるものです。女性38人、男性13人、16歳から70歳までの51人。統計学の分析に用いるため、年齢・家庭や資産環境・教育歴に偏りがないよう配慮、復員軍人や戦地経験者は外した上でランダムに抽出された市民でした。
　米軍の質問は、空爆によって日本人の戦意がどのように落ちたかを探るためなので、その趣意を隠し、占領政策に資するためのように装

市街96％が丸焼けの富山市に、ようやく並び出したバラックに雪が襲った（北日本新聞1945年12月13日）。米軍の呼び出しはこの2週間後。

われました。市民は緊張と恐怖を覚えながらも、日系アメリカ人の日本語による質問に、自分の苦境については多少誇張したかもしれませんが、率直に答えていると見えます。そして、各人の家族構成、資産、教育歴、仕事内容なども調査されていますから、発言の背景を窺うこともできる貴重な史料です。

「この頃の生活状態はどうですか」から始まり「上の人の戦争に対してのやり方をどう思っておられましたか」「これから先、日本はどんな風に変わらなければならないと思いますか」などの後、「アメリカが空襲した時、その責任はどちらの方にあると思いましたか」など、空襲に対するいくつかの感想を求め、空襲の被災者にはその具体的な説明を求めて終わります。みな興味深いものですが、一つだけ、22番の問いと答えを紹介しましょう。

「天皇をどう思われますか」。シンプルな質問ですが、市民は、天皇の戦争責任について聞かれたような気持がしたのではないでしょうか。12月に入って新聞などには「天皇制廃止の主張」などの大見出しが躍っていました。天皇の名で宣戦布告をし、その詔勅によって無条件降伏を受け入れた日本国、あなた方はその天皇にどんな思いでいますか──。名前を伏せ番号を付けて、性別や職業、空襲被害を受けた人は被災と記し、年齢順に並べます。原文は英語です（ほんの一部は日本語）。

1　（16歳、男、職工）天皇は国民のよりどころとして存続してほしい。
2　（16歳、女、織工）天皇は現人神です。在位すべきだ。国民の崇拝の対象だから。
3　（17歳、男、学生、被災）以前のように天皇が神だとは思わないが、一人の人間としてまた政府の長として尊敬している。天皇が違った形で、以前のように神としてでなく国の長として在位してほしい。
4　（17歳、女、銀行員、被災）天皇は国民の象徴なので存続しなければならない。

《コラム》 天皇をどう思われますか？

5 （18歳、女、事務員）天皇は存続すべきだと思う。しかし国民と天皇の間がもっと近いものであってほしい。これまでは神のような存在で父親以上に崇めなければならなかった。

6 （18歳、男、職工）日本は天皇を持つべきで、大統領のようになるべきだと思う。

7 （19歳、男、圧延工）日本の頭として置きたいと思います。

8 （19歳、主婦、被災）天皇は気の毒だ。日本の国の天皇として在位していてもらいたい。

9 （20歳、女、労働者）天皇は国民のためにとても苦しんでおられるので気の毒だ。

10 （20歳、女、郵便局員、被災）天皇は国民の苦しみや痛みが分かる父のような存在なので在位していてもらいたい。天皇は常に国民を救おうとしている。

11 （21歳、女、事務員）その質問に戸惑うが、以前のように天皇がいたほうがいいと思う。

12 （22歳、主婦）天皇を長として国民のための国民による政府を持つべきだ。天皇は維持されるべきだ。神道と国民の象徴として在位するべきだ。

13 （22歳、女、不二越旋盤工、被災）天皇はこのまま頭に置きたいと思います。伝統的教育によって我々は天皇を長とする事が□□正当だと信じています。

14 （24歳、主婦、被災）覚えている限り、天皇は国民をわが子のように面倒を見てくれた。戦争は天皇の責任ではなく天皇を責めるべきでない。存続すべきだ。

15 （24歳、主婦、被災）天皇はとても気の毒だと思う。

16 （24歳、女、郵便局員、被災）天皇が国民のために無条件降伏を受け入れ、威厳と尊厳をなくしたので気の毒だと思う。普通の人々を統率するために出来れば在位し続けてほしい。以前よりも天皇が親しく国民と接する事ができる制度をつくってほしい。

17 （27歳、針仕事の主婦）天皇は気の毒だと思う。天皇であり続ければ日本は統制がとれた国になると思う。

18 （27歳、女、薬袋詰め、被災）存続すべき。先祖の時代からずっと天皇がいたのだから。

19 （28歳、主婦、被災）天皇に対してお気の毒だと思いますが、天皇が今まで人生の指導者であったのだから永久に冠としていただくべきであると思います。

20 （28歳、女、農家）天皇は民主的な政府と平行して存続しなければならない。

21 （30歳、女、農家）天皇は気の毒だと思う。これまで通り在位していてもらいたい。

22 （30歳、男、職工）天皇陛下は上におられた方がよいと思います。

23 （31歳、主婦、被災）開戦時は天皇をあがめたが、今は負けたので天皇は必要ではない。

24 （33歳、主婦、被災）天皇はたいへん気の毒だと思う。天皇は存続してもらいたい。

25 （35歳、女、製粉屋、被災）原稿なし

26 （35歳、女、魚屋、被災）天皇は今のままのようにおられた方がよいと思います。天皇陛下がいないと国が□はしないかと思います。

27 （35歳、女、農家）お気の毒だと思います。それだけです。

28 （36歳、主婦）日本人として天皇は在位すべきだ。降伏を天皇が受け入れたので国民は納得したが、軍人が発表したらもっと混乱があったと思う。

29 （36歳、男、小学校教師）天皇は日本国民の大黒柱だから存続するべきだと思う。

30 （37歳、主婦、被災）天皇は存続すべきだと思う。

31 （40歳、男、生命保険社員、被災）天皇は天皇として存在しなければならない。生れた時から習慣として日本人には天皇がなくてはならないから。

《コラム》 天皇をどう思われますか？

32（40歳、未亡人・電気会社の雑役か、被災）天皇は気の毒だ。今の
まま存続すべきだ。

33（40歳、男、靴屋）記録なし

34（41歳、男、水産技術者）天皇は存続させねばならない。昔から日
本は天皇だったし、天皇は日本だったのだから。

35（41歳、男、大工）天皇はマッカーサーの指令に従うべきだと思う。

36（43歳、男、海軍徴用）天皇は引き続き在位していてほしい。自分
は天皇に仕えるものだ。天皇は自分達の祖先だし、いつも尊敬し
ていなければならない。

37（43歳、主婦）天皇はお気の毒だと思う。でも以前と同じ様な天皇
としていることはできないと思う。

38（46歳、女、薬包紙折、被災）天皇は今のままいてほしい。天皇が
いなくなったらせっかく貯めたお金が紙くず同然になると誰かが
言ったから。

39（46歳、男、技術者、被災）天皇が全権を持つべきではないと思う。
国が持つべきだ。天皇は国全体の状態を知っている人ではない。
国民は英国に学び、英国と似た方法をとるべきだと思う。しかし
天皇制は2000年も前から続いているので存続するべきだ。統率者
としてでなく、日本が他の国から尊敬されるような国、国民が誇
れる国になるのを見守るべきだと思う。

40（49歳、主婦、被災）天皇は気の毒だ。日本の大黒柱だし国民すべ
て天皇を望んでいると思う。

41（51歳、主婦、被災）天皇は今のままがいい。それが私の最大の願
いだ。

42（52歳、女、臨時工）天皇が戦犯になると聞いた時、天皇は苦しん
だと思う。在位し続けるべきだと思う。

43（52歳、男、食堂主人）原稿なし

44（52歳、主婦、被災）戦争中天皇は軍部の人たちにだまされたので
かわいそうだ。天皇は国民を統率するために在位してもらいたい。

国民の象徴だから。

45（54歳、雑役婦、被災）天皇は側近たちから状況を知らされていな
　　かったと思う。天皇はこれまで通り存続させるべきだと思う。

46（54歳、女、玩具屋、被災）よくわからないが、天皇は国民の心配
　　をしていると思う。

47（57歳、女、農家）日本が平和な時代の日本に戻り、あらゆるもの
　　を手に入れやすくなり、物価も安くなる時代になることを望んで
　　います。私たちは、私たちの指導者である天皇が必要であると思
　　います。指導者なしでは何をすべきかわかりません。

48（62歳、女、豆腐屋）天皇のことなど関係ない。

49（63歳、女、無職）天皇はいたほうがいい。

50（68歳、女、農家、被災）日本が日本として存在するなら天皇はい
　　なくてはならない。

51（68歳、女、家事、被災）天皇はどうせ日本の頭ですから、一家の
　　主人が必要であるように我々にはなくてはなりません。

52（70歳、女、家事、被災）天皇は日本の頭に置いた方がよいと思い
　　ます。

　答えた49人の41人まで、天皇を支持し、存続を願っています。天
皇に対し否定的な感情を持つかと感じられるのは、23番「今は負けた
ので天皇は必要ない」の31歳主婦、27番「お気の毒だが、それだけで
す」の35歳農家の女性、35番「マッカーサーの指令に従うべき」の
41歳の大工、37番「お気の毒だが、以前と同じような天皇でいること
はできないと思う」の43歳主婦、48番「天皇のことなど関係ない」の
62歳女性の5人。残り3人は「国民のために苦しんでおられて気の毒
だ」「とても気の毒だ」「国民の心配をしていると思う」と、天皇を肯
定的に見ていて、存続に言及していないだけですから、先の41人に加
えて、44人が天皇を支持しているといっていいでしょう。

　この44人には、8月2日の富山大空襲によって家屋を焼かれた人が

104

《コラム》 天皇をどう思われますか？

26人もいます。被災者で天皇に否定的なのは23番の主婦だけで、ほかの25人は、疎開した親戚などでの居づらさに耐えるか、焼け跡に建てたバラックの中で師走の寒風に耐えるかしていますし、被災していない人も農家を除くほとんどが飢えを訴えています。この時期、一人一日「二合三勺」、一食にゴハン茶碗一杯に満たぬお米の配給です。戦前はお米偏重の食生活で、一食に二杯から三杯のゴハンが普通でしたから、半分以下に減らされていたことになります。

飢えと寒さに打ちひしがれる中、これほどの支持が出るのは、天皇は神聖にして侵すべからず（明治憲法第3条）、危害を加えられない存在であるのはもちろん、天皇は政治責任を負わないという教育感化がつよく残っているせいでしょうか。

市民にとって天皇はどんな存在であったか、答えから語句だけを拾ってみます。

1番「国民のよりどころ」、2番「天皇は現人神」、3番「神としてでなく国の長として」、4番「国民の象徴」、5番「神のような存在」、6番「大統領のように」、7番「日本の頭」、10番「国民の苦しみや痛みが分かる父のような存在」、12番「神道と国民の象徴」、14番「国民を我が子のように面倒を見てくれた」、16番「普通の人々を統率する」、17番「日本を統制する」、19番「人生の指導者」、29番「日本国民の大黒柱」、36番「自分が仕えるもの」、39番「日本が他の国から尊敬されるような国、国民が誇れる国になるのを見守る」、40番「日本の大黒柱」、44番「国民の象徴」、46番「国民の心配をしている」、47番「私たちの指導者」、51番「日本の頭」、52番「日本の頭」。

新憲法が出るだいぶ前なのでちょっと驚きますが、天皇を国民の「象徴」と表現する人が4番12番44番と、3人もいます。原文の英語で「シンボル」です。3人の背景を少し見てみましょうか。

4番の17歳の女性は銀行員で教育歴8年。空襲により家屋は全焼、一時疎開して、焼け跡にバラックを建て、両親と3歳から14歳まで5人の弟と同居。月給100円、父親は電力会社の社員で月給150円、物価

22-a. 天皇陛下をどう思われますか。

天皇を長として国民のための国民による政府を持つべきだ．天皇は維持されるべきだ．
神道と国民の象徴として在位するべきだ．

> I think our family will face a very serious food situation
> 22 We should be a peace loving nation like Switzerland.
> No soldier and no army training
> 22a. We should have a government by the people and
> for the people headed by the emperor. The emperor
> should be kept on the throne because he is the religion
> aim and symbol of the people.
> 23. If Japan lost the war, I thought all Japanese

12番の女性の答えの部分

高で弟たちに食べさせるのは大変と訴え、「女なので政治には興味がない」「女なのでどう答えていいのか分からない」とこたえる女性です。

　12番は22歳の主婦。教育歴8年。3歳と2歳の子ども2人。9月1日に夫が失業して、とても生活は苦しく、食料と家賃のため着物を売った、「戦争に勝ちさえすれば繁栄の時代を生きられるので、苦労を苦労とも思わなかった」と答える女性です。

　44番は52歳の主婦。教育歴4年。子は27歳と19歳の兄弟と11歳の娘。倉庫事務係の夫は10月に解雇された、子の兄弟二人は九州まで仕事を探しに行っている、貯金が毎日減っていく、「3食おかゆを食べなくていいようにしてほしい」と訴える女性です。

　象徴表現のほかには3人に共通するような背景は見当たりません。ただ、3人の女性とも、面接者が「タカクワ」という人でした。彼はほかに2番と10番、16番の3人、合わせて6人の面接者になっています。「象徴」という語は明治になって英語「シンボル」に当てて中江兆民が初めて用い、使われ始めた新語。一般人が用いることはかなり稀のことと思いますから、ほかの人に「日本の頭」とか「国民の大黒柱」という表現が出ていますが、面接者タカクワ氏はこのような比喩表現に、次元の異なる「シンボル」という語をあてた可能性がありま

《コラム》 天皇をどう思われますか？

す。象徴に似た語としては「お飾り」という語があり、「国民のお飾り」、あるいは「国のお飾り」という言い方が考えられますが、3人とも在位を続けてほしいというのですから、天皇をそこまで卑小化しているとは思われません。本人の会話が一部録音されて残ると言いますから、それを確認しなければならないでしょう。

　改めて12番の「神道と国民の象徴」という表現を見直しますと、天皇の働きについて少し冷静に観察する目のあることが窺われます。44番の女性が象徴と言う前段で「戦争中天皇は軍部の人たちにだまされたのでかわいそうだ」としているのも、天皇をすこし客体化した見方と感じます。28番の36歳主婦が「降伏を天皇が受け入れたので国民は納得したが、軍人が発表したらもっと混乱があったと思う」といい、45番の54歳雑役婦が「天皇は側近たちから状況を知らされていなかったと思う」というのも、客体化した言い方でしょう。そういう目で全員の答えを再確認すると、12人もが言う「気の毒だ」という言い方も、ある意味で少し冷めたモノ言いに見えてきます。39番の「天皇は国全体のことを知っている人ではない」や42番の「天皇が戦犯になると聞いた時、天皇は苦しんだと思う」、51番「天皇はどうせ日本の頭ですから」という言い方も客体視が強いように見えます。

　積極的な支持と思われるのは、3番の17歳学生「以前のように天皇が神だと思わないが、一人の人間としてまた政府の長として尊敬している」、9番の20歳女性「天皇は国民の苦しみや痛みが分かる父のような存在」、14番の24歳主婦「天皇は国民をわが子のように面倒をみてくれた」、19番の28歳主婦「天皇が今まで人生の指導者であったのだから永久に冠としていただくべき」、36番の43歳男性「自分は天皇に仕えるもの」、47番の57歳農家女性「私たちは、私たちの指導者である天皇が必要である」の、6人くらいです。

　多くの市民は、天皇の「戦犯」になりかねない境遇に対し、熱狂的な支持や同情はもっていないという印象がします。5番の18歳女性が「国民と天皇の間がもっと近いものであってほしい」といい、16番の

107

24歳郵便局員が「以前よりも天皇が親しく国民と接することができる制度をつくってほしい」という、市民にとって天皇がそれほど近い存在ではなかったことにもよるのでしょう。このような全体の印象から筆者は、思想史研究で名高い安丸良夫氏が自身の敗戦時の体験を記した文章を想起します。氏は富山県の安清村（南砺市）出身です。

「…あの日、私は家のなかでたしかに玉音放送を聴いたはずで、そのあと外にでて垣根のところで独りで泣いていた。国民学校五年生の私は、いっぱしの軍国少年で、戦争に敗れたことがたいへん口惜しかったのだ。ところがそこへ母がきて、〝もう敗けてしまったのだから、お前が泣いていてもどうなるものでもない。家へ入って早くお昼ご飯を食べろ〟という意味のことをいったのである。（略）私からすれば、敗戦という驚天動地の大事件をあっさり受け入れて感情的な反応を見せない母の態度に、〝どうして!?〟という驚きがあったのである。（略）母や村人たちも、戦争や国家という全体社会に自分たちが所属していることをよく知っているのではあるが、それを自分では手の届かない運命のようなものとして、なんとか受け入れて耐え、またやり過ごして生きるのである。…」

2011年秋のNHKの朝ドラ「カーネーション」でも、安丸氏の母と似た女主人公が「さあ、お昼にしようけ」とつぶやくシーンが出ました。ここの富山市民51人も、米軍に「降伏時はどんな気持ちがしたか」を問われています。かなりショックを受けたという答えが多いのはそうですが、「泣いた」と答えているのは10人に過ぎません。

安丸氏は先のすこし前で「普通の村人は、国家や天皇制を拒否しているのではないが、しかしこちら側から国家や天皇制に過剰な思い入れをするということはけっしてない」と述べています。富山市民たちにも、やはり「過剰な思い入れ」はないように見えます。ただ、44番の女性が「天皇は軍部にだまされた」という見方をしていて、この見方が天皇の戦争責任を問わなくて済むこともあってか、その後の日本を大きく覆っていったことを忘れてならないでしょう。天皇制という

《コラム》 天皇をどう思われますか？

価値と正面から向き合うことなく、飢えにさらされたのをきっかけとして多くの人は「生への欲望」を正直に表現し、その自由が蘇ったことを噛みしめて戦後を生きたように見えます。「天皇制はそれを拒否する者は「良民」ではない、少なくとも疑わしい存在と判定されるのだという選別＝差別の原理をつくりだしている」とは安丸氏の言です。

富山市民が天皇制への思いを米軍に伝えた1週間後、昭和天皇は「朕と汝ら国民との間の紐帯は、終始相互の信頼と敬愛とによりて結ばれ、単なる神話と伝説とによりて生ぜるものにあらず」と人間宣言をしました。本書が刊行される本年は、令和への改元があり、象徴たるあり方を求めて、平成天皇が慰霊の旅をくり返してこられたことに国民の感謝の念が集まりました。国民と天皇との紐帯は「相互」の働きによるほか生まれ得ない、国民が新憲法9条を掲げ続けるのなら、天皇の側にも呼応する働きがなければと、平成天皇はそう心に期してこられたのでしょう。その働きは、39番の男性の、天皇は「日本が他の国から尊敬されるような国、国民が誇れる国になるのを見守るべき」という願いに添ったものでした。

差別の源泉として批判もされてきた天皇制ですが、社会学者の大澤真幸氏は、今となっては民主主義の前提である国民の基本合意が天皇制によって調達されてきたことを認めざるを得ないと、評価を示しています。民主主義とは、人々が選挙結果に縛られるという前提を共有して初めて成り立つもの、「何であれ我々がすでに合意しているということへの合意」そういう基本合意は、諸外国では宗教がその役割を果たしていると言われます。移民を受け入れていかざるを得ない日本国において、天皇制はこれまでどおりでは立ちいかないでしょう。考えねばならないことはたくさんあるようです。

父の玉砕死、忘れられた島
―マーシャル群島マロエラップ環礁のことなど

犬島　肇

　私は1941年に生まれ。いま77歳。

　すでに同年齢の人たちが少なからず鬼籍に入っているが、こういう老境にあり、しかも曾孫まで持っている身にも拘わらずいまだに亡き父のことが時折思い出されます。数年前に他界した母の月命日に読経に訪れる僧侶に訊くと、いまでは戦死した家族の遺影を鴨居などに懸けている家はなくなった、といいます。

　父は1944年2月頃と推定されますが米軍の攻撃によってマーシャル群島マロエラップ環礁で、日本軍の飛行機の整備中に撃たれて「戦病死」しました。この年の6月頃「戦死の公報」が届いたのですが、梅雨時の暗い曇天の日でした。電報配達夫が玄関脇の台所の入口に「電報」といって立っていたので、私はそれを受け取って、後ろに立っていた母に「かぁちゃん、電報」といって手渡しました。母は、途端に、何とも形容し難い声をあげ、泣き崩れました。これは「慟哭」というものでしょうか。ともかく一生忘れられない嫌な声でした。私は満3歳でしたが、この瞬間は、父の74回忌を迎えた今も鮮明に記憶しています。

　父の戦死した日は「公報」には記されていません。わが家では父の命日を8月15日としてきましたが、母と祖母にとっては「終戦の日」を命日とする以外に考えられなかったのでしょう。

　父は昭和18年に海軍から応召されて、横須賀の海軍基地からマーシャル群島に向かったと思われます。「横須賀」の消印のある海軍の軍用

《コラム》 父の玉砕死、忘れられた島

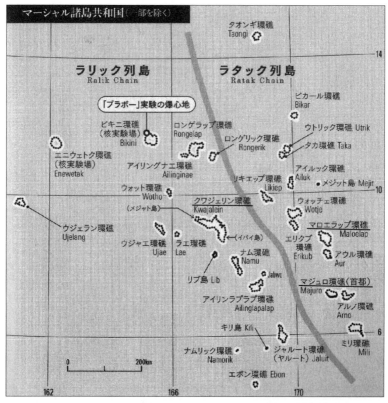

マーシャル群島マロエラップ環礁―竹峰誠一郎『マーシャル群島―終わりなき核被害を生きる』から

葉書で、彼にとって義理の兄に当たる犬島勝平宛に『私はまだ生きている』と書き送っています。31歳で戦死したのであるから、多分、ある意味で「老兵」でした。20歳代の兵士から見れば、妻子を持つ「老兵」。大岡昇平のフィリピン戦線での体験を綴った小説『俘虜記』からの連想ですが…。

母は96歳まで生き、夫の三倍の寿命でした。彼女は「戦争未亡人」となり、世間並みの幸福が味わえない幸の薄い生涯を送りました。他方、私は富山市単独の施策である奨学金を貰って大学を卒業しました。

111

当時の奨学金は月額五千円でしたが、富山市の制度では最高の金額でした。多分「戦争遺児」だったからでしょう。

父は富山市の神通中学生時代、寒稽古には皆出席で表彰状を貰い、卒業間近の軍事教練の際に写したものと思われる写真に≪護国の勇士 犬島左近、Ｓ６　11.5≫とペンで書き添えました（91頁の写真参照）。この当時としては「世間並み」の覚悟を書いたものですが、戦後憲法のなかで生きてきた私にはどこか禍々しい。この時、自ら南海の果てで戦死するなどと想像もしていなかったはずです。

≪「骨が語る兵士の最期」はいまも続けられる海の鎮魂
　　―それは「ビルマの竪琴」の水島上等兵に似ている≫

私の知識では、マーシャル群島は第一次世界大戦で敗北したドイツが手放さざるを得なくなり、国際連盟の決定によって日本の委任統治領となりました。「満州事変」の後、日本は国際連盟から脱退しましたが、この委任統治領はそのまま日本の統治下に置かれました。

1941年12月８日、日本は真珠湾を奇襲攻撃して「太平洋戦争」が始まりました。だが、早くも翌1942年６月５日から７日にかけて戦われたミッドウェー海戦において、スプルアンス指揮官（Raymond Ames Spruance1886-1969）麾下の米軍の空襲を受けて日本海軍機動部隊は敗北、すなわち主力空母「赤城」「加賀」「蒼龍」「飛龍」の４隻を失い、290機を喪失する大敗北を喫しました。米軍は一転して攻勢に転じ、日本海軍と太平洋諸島に展開した陸軍を撃滅していくこととなります。そして３年後の８月15日、「大日本帝国の崩壊」という帰結になりま

父の遺影、おそらく1943年頃

《コラム》 父の玉砕死、忘れられた島

した。太平洋戦争の「勝利」から、「敗戦」への大転機になったのが、このミッドウェー海戦でした。

法医人類学者・楢崎修一郎氏

最近、私は楢崎修一郎（法医人類学者、大妻女子大学博物館勤務）の『骨が語る兵士の最期』（筑摩書房2018.7月刊）を読み終え、深い或る感慨を抱きました。著者は長い間、太平洋の島々に散った日本兵の遺骨収集の先頭に立ってきた一人です。そして彼は、一人ひとりの兵士たちの遺骨の破片などを拾うたびごとに、懇ろに焼骨式、慰霊式をくり返し、日本兵たちに鎮魂の祈りを捧げています。日本軍はマーシャル群島を含む海域を「中部太平洋地域」と名付けていたようですが、当然このマーシャル群島も楢崎氏の視野に入り、調査を進めています。まだマロエラップ環礁を調査していないようなので、私の父の遺骨などは現在どのようになっているだろうかと気がかりです。母は、1944年初夏に届いた「遺骨箱」には『骨は入っていなかった、砂ばかりだった』と言っていました。

ここで楢崎氏の本のなかに入っていくこととします。その第4章は『玉砕の島々』と題されて、楢崎氏は日本海軍史などの戦史もよく調べています。1941年1月、日本海軍はクェゼリン環礁に第六根拠地隊司令部を配置していることも調べた上で、マーシャル群島の一部に調査の鍬を入れます。それは2014年7月16日付「読売新聞」が、＜地球温暖化のために同環礁の浜辺から八体のアジア人のものらしい人骨が発見された＞と報じたことが契機となった調査です。楢崎氏ら（埋没した人骨の調査は一人の手でできないことは自明です―詳細は後述）は2014年9月1日にマーシャル諸島の首都マジュロ（111頁の地図参照、マロエラップ環礁の南に位置する島）を訪問して必要な事項を報告し、了解を得た上で、二度目の調査として同年11月12日から14日までエニンブル北部に入り発掘調査しました。その時発見したのが次掲の写真に写っている三体の遺骨。楢崎氏はこの異様な遺骨について「よく観察すると、三体

エニンブル北部で発見された三体の人骨

の真ん中の人物は、少し両手を前の方に引き寄せている。頭蓋骨に目を移すと、後頭部の頭蓋骨に丸い孔が認められた。これは映画でもよくあるが、とどめをさすための拳銃による孔だと推定した」「私は出土状況を踏まえて、こう推定した。この三体は、おそらく後ろから銃殺された。その際、真ん中の上官か誰かが音頭をとって『天皇陛下万歳！』と叫び、両手を挙げたところで銃殺され絶命したのだろう。左右の人物たちはそのまま絶命した。ところが、真ん中の人物だけはまだ虫の息があり、伸ばした両手を前の方に引き寄せているところで、後ろから拳銃で後頭部に一発の銃撃をうけて絶命した」と言います。無論、この推論にはいろいろと異見が出た、と楢崎氏は書いています。私は楢崎氏の推定を積極的か消極的かはともあれ、肯定したいと思う。「天皇陛下万歳！」と叫ぶことは否定され嫌悪されるべきことではないからです。そもそも当時の日本兵はそう刷り込まれていたのですから。

遺骨が発見された兵士は或る意味で幸運です。未発見の遺骨の方が多く、私の父に至っては「遺骨箱」には「砂」が入っていただけであったのだから…。

　私の父が戦死した場所はマーシャル群島のマロエラップ環礁だということが確かだとして、私の脳裏に焼き付いて離れないのは、それは一体全体、何時なのか？という疑問でした。

　最近ようやく≪日本海軍史「中部太平洋方面２」≫という題の資料をwikipediaで発見しました。当然、このような詳細な太平洋戦争における日本海軍の衰亡史は、すでに日本人の手によって書かれており、出版されてもいるはずですが、私にはこれが手近なものです。

《コラム》 父の玉砕死、忘れられた島

チェスター・ニミッツ

これによると、まず大まかなところを言えば、先述のミッドウェー海戦の後の連合国側の戦略として、1943年1月14〜23日の間に、米英仏の三首脳による「カサブランカ会議」で、豪州、太平洋兵站線(へいたん)（本国と戦場を連絡する輸送連絡路）確保の方針が決定され、同年5月に英チャーチルが訪米してさらに段階的に日本軍への攻撃作戦が検討され、これによってニミッツ太平洋艦隊司令長官（Chester William Nimitz1885-1966）に、1943年11月頃にギルバート諸島並びにナウル島を攻略し、1944年早々にマーシャル諸島を攻略せよとの命令が下されます。さらに8月11〜24日にかけてカナダのケベックに米・英・仏・加（カナダ）の四首脳がこの海域における作戦を決定する「ケベック会議」が開催されました。連合国側に於いても、たとえ日独伊三国に対する戦争の「理念」が統一されていても、具体的な「戦略・戦術」に関して相当長時間をかけて意思統一する必要があったことを、これらの度重なる諸会議が物語っています。

これにより、米軍のマーシャル諸島攻撃は昭和18〜19年頃と考えられます。米軍の勢力はどのような規模であったか。日本軍の兵士たちには米軍の大規模な攻撃部隊がどう見えたのでしょうか。私にはクリント・イーストウッド監督による映画『父親たちの星条旗』『硫黄島からの手紙』を見た時の驚きが今も強烈に脳裏に残っています。硫黄島の洞窟の中から垣間見える米国の軍勢は、この島を圧服する多数の戦闘用の艦船が、黒胡麻で海が真っ黒になるように展開していました。その物量は、この当時、太平洋の島々で戦闘を余儀なくされた日本兵たちの眼には、私が網膜に焼き付けたこの映画の印象とどれほどの差もなかったでしょう。米軍勢力の圧倒的優勢、凄まじいばかりの物量における彼我の落差に、日本兵たちと彼らを率いる将校たちの恐怖感は計り知れないものがあったに違いありません。日本軍兵士たちの戦闘は「絶望への跳躍」にも似たものがあったと思われます。

115

上空から見たマロエラップ環礁。

マロエラップに残る飛行機の残骸

これらマーシャル諸島に対する米軍攻撃隊の編成は、一例を挙げれば高速機動隊は空母6、軽空母5、戦艦6、重巡（巡洋艦）5、駆逐艦21という編成であり、さらに別働隊に護衛空母5、戦艦3、重巡2、軽巡3、駆逐艦9、輸送艦17、その他の小艦艇、輸送船団が加わり、総勢で200隻を超える場合もあったし、兵員の総数は108,000名とも言われます。ミッドウェー海戦による日本軍の敗北はまさに致命的だったのです。

これに対するに日本軍が用意できた兵力は陸攻40機、艦載戦闘機46機、飛行艇5機、水上偵察機51機だけという有様でした。上記の米軍が艦上機だけでも900機であったとされているから、まさに寒心に耐えない状況になっていました。

米軍は予定された日程を幾分繰り上げ、1943年11月13日からマーシャル群島への攻撃を開始しました。即ちタラワ、マキン、ミレ、ヤルート、マロエラップを大型機で攻撃を開始したのでした。マロエラップが米軍の標的にされた一つの理由は、1939年に日本軍がここに飛行場を建設していたからです。マロエラップには、日本兵3,300名が配備されていたとするデータもあります。

その後、米軍による数次に及ぶ猛攻にさらされて、日本軍の航空基地兵力が減少の一途をたどっていきます。これらマーシャル群島における戦闘は「マーシャル諸島沖航空戦」と呼ばれていますが、その詳細は省きます。マロエラップ、ルオット、ウオッゼ島の基地などの日本軍の航空機はもはや数にもならない有様でした。米軍は1944年に入って、1月29日、30日の二日間、猛攻を加えました。艦砲射撃で陸地に

《コラム》 父の玉砕死、忘れられた島

いる日本軍に大打撃を加えた後、艦上機が上空から爆撃し、さらに兵士を上陸（＝地上戦）させて占拠するという手順です。米軍は大きな基地を持つ島には激しい掃滅的な攻撃を加えましたが、マロエラップ環礁のように四囲が海に囲まれて孤立している小島に対しては攻撃を省く「飛び石作戦」を採りました。日本軍はマロエラップ環礁には飛行場を建設してはいたものの、米軍の徹底した掃討作戦を免れました。しかし、すでに日本軍には同島への輸送船団もなく、医療品・食糧が決定的に不足し、「餓死」する日本兵が続

昭和19年3月1日〜31日第252海軍航空隊戦時日誌〔除タロア＝マロエラップ派遣隊〕

出したと言います。この攻撃で2月1日以降、日本軍の全ての航空機が損耗しました。この経過を見ると、父は、早ければ1943年11月半ばに、遅くとも1944年2月1日頃に米軍に撃たれ、その後、仮に生きていたとしても公報が「戦病死」したと伝えている通り、米軍の猛攻に遭って負傷したとも考えられますが、結局、「餓死」であったと言えます。これは一言でいえば「玉砕」にほかならないのです。「護国の勇士」としては、余りにも悲惨な「戦死」でした。

≪楢崎修一郎、竹峰誠一郎、河野仁の研究から見えてくる父・犬島左近の三度の死≫

河野仁著の『＜玉砕＞の軍隊、＜生還＞の軍隊』（講談社学術文庫2013年8月刊）は日米の戦闘と、兵士たちの行動形態を「比較文化論」の見地から論じたものです。その詳細な紹介はここでは省略するとして、河野の研究を単純に図式化すれば、日本軍の兵士たちを取り込んでいた思想・文化は「玉砕」であり、米軍の兵士は激戦から「生還」

することがむしろ英雄とされる文化の中にいたとするものです。こうした、正反対に見える日米の相違については、多数のドキュメントがあり、「戦後文学」の中で、最も優れた戦記作品に数えられている大岡昇平の『俘虜記』『レイテ戦記』、吉田満の『戦艦大和ノ最期』を読んでも、こうした彼我の比較ができましょう。この戦争をしばしば「無謀な戦争」と言いますが、その「無謀」が発生した大きな要因として、日本軍兵士たちを「玉砕」させる思想・文化があったことも挙げなくてはならないでしょう。

　私も、心中に秘かに父の戦死したマーシャル群島マロエラップ環礁を訪ねてみたい、そして父を慰霊したいと思っていましたが、県議活動が長く続き、その後身体の不調が続いて、その思いがいまだに実現できないのが残念でなりません。

　米国はこのマーシャル群島のビキニ環礁で水爆実験を行い、この実験は幾度もくり返されました。現在、マーシャル群島は人口53,000人ほどの小さい国家です。ここでは夥しい放射能障害と影響が、人間は勿論、広範な生態系に及んでいます。その詳細な報告は竹峰誠一郎著『マーシャル諸島――終わりなき核被害を生きる』（新泉社

米軍の写真が伝えるマーシャル群島における激闘

2015年3月刊）にゆずりますが、ここで竹峰はマーシャルの被爆者たちを「グローバルヒバクシャ」と呼び、極限された一地域の核被害の問題としてではなく、まさに全地球的規模で認識し、その見地から核問題を広範に把握し、核兵器廃絶の行動が必要と提唱します。傾聴に値する優れた考察です。かつてこの群島で、米軍との激闘の果てに死んだ日本兵たちの屍は、この南海の島々の住民とともに放射能を浴びているに違いありません。

《コラム》　父の玉砕死、忘れられた島

　先述の通り、楢崎氏は、地球温暖化のために、南海の戦場となった小島の浜辺から日本兵の遺骸が発見されたと伝えた新聞記事を見たわけですが、私も朝日新聞で、同趣旨の小さな記事を見た記憶があります。玉砕したマロエラップ環礁で、私の父の遺骨も、浜辺の波に洗われているかも

マーシャルにおける水爆実験

しれません。父はマーシャルで三度死んだか、と暗然とした思いにさそわれます。一度目は米軍の猛攻を受けて戦死、二度目は米国核実験の放射能による死、そして三度目は、地球温暖化のために海水の水位が上がって窒息死…です。

　戦後、日本兵士の遺骨収集は厚生省（＝現在の厚労省）の業務とされてきましたが、現在は厚労省社会・援護局に移り、さらに民主党政権の時代に「日本戦没者遺骨収集推進協会」の手に移っています。楢崎氏の最近の遺骨収集はこの協会による委託業務です。楢崎氏の本に、日米兵士の間の相違について、さりげなく書いている一節があります。「日本軍の認識票（兵士が身につける名前、所属部隊名などを刻んだ金属の札。戦死したときの身元確認などに用いた）には、番号のみが刻印されている。一方、米軍の認識票には、姓名・血液型・親戚の名前と住所まで刻印されている」（前掲書118頁）というのです。この日米の差に、私は「玉砕の軍隊」と「生還の軍隊」の差といったものを感じます。一人ひとりの兵士への思いやり、可能なかぎり故国へ、故郷へ帰還させなければならないという、米国の強いヒューマンな配慮と言うべきものが、この一片の「認識票」の相違にも窺い知れるではありませんか。

　楢崎氏がその法医人類学者として、次のように書いていることも紹介しておきます。

…最近、「日本兵の遺骨は各地で土に還っている」という発言をちらほらと聞く機会がある。その発言の裏には、遺骨収集事業を早期に終了させたいという意図があるかもしれない。だが、本書をご覧いただくと遺骨は決して土に還っていないことがおわかりだろう。そもそも、もし遺骨が七〇年で土に還るのであれば、日本のみならず世界中の人類学者が職を失ってしまう。骨が土に還らないからこそ、旧石器時代から江戸時代までの人骨が各地から出土しており、人類学者はその鑑定や研究ができるのである…（前掲書216頁）

　もし、「遺骨収集事業を早期に終了させたいという意図」が安倍政権にあるとしたらどうでしょう。彼の執念となっている憲法九条改定が実行されるとしたら、安倍首相並びに自民党は、まさに数十万の日本兵士たちの遺骨がいまだに収集されないまま、言い換えれば、「英霊」として尊崇する任務を終えないまま、さらに次の戦争の準備に狂奔することになりませんか？
　私は父の運命を思い、日本兵たちが引きずり込まれた悲惨に思いを馳せる時、どうしても日本国憲法とその前文・第九条を守らなければならないと思うのです。

戦後補償問題について思うこと
―不二越訴訟から新日鉄住金訴訟まで

山田　博

1. 韓国大法院（最高裁判所）は、2018年10月30日、元徴用工が、新日鉄住金株式会社を相手に損害賠償を求めた裁判で、元徴用工の請求を認容した裁判に対する新日鉄住金株式会社の上告を棄却し、これにより、元徴用工に対し一人当たり1億ウォン（約1000万円）を支払うよう命じた判決が確定しました。

　この判決は、元徴用工の損害賠償請求権は、日本政府の朝鮮半島に対する不法な植民地支配及び侵略戦争の遂行と結びついた日本企業の反人道的な不法行為を前提とする強制動員被害者の日本企業に対する慰謝料請求権であるとし、その上で、このような請求権は、1965年に締結された「日本国と大韓民国との間の財産及び請求権に関する問題の解決と経済協力に関する協定」（以下「日韓請求権協定」という）の対象外であるとして、韓国政府の外交保護権と元徴用工個人の損害賠償請求権のいずれも消滅していないと判断しました。

　これに対し、日本政府は、本判決は「国際法に照らしてあり得ない判断」であり、「毅然として対応していく」（安倍首相、2018年10月30日の衆議院本会議）、「こういう判決を出すというのは暴挙だ。これは2国間の問題ではなく、国際法に基づく国際秩序への挑戦だ」（河野太郎外相、11月6日の記者会見）などと口を極めて感情的な非難をしています。また、多くのマスコミもこれに同調しているような有様です。

2. しかしこのような対応には強い違和感があります。

　まず、この判決は言うまでもなく韓国の裁判所が出したものであり、

121

韓国政府が出したものではありません。韓国には三権分立があるのであり、裁判所の出したものに対し、政府を口汚く非難するのはお門違いというものです。日本政府やマスコミの対応は、三権分立について無知であるか、そうでなければ、自国において三権分立が機能しておらず、政府の都合でどうにでもなると思っていることを自白しているようなものです。

　次に賠償請求権は日韓請求権協定により「完全かつ最終的に解決している」との議論ですが、これもそう簡単・単純な話ではありません。これから私の経験も踏まえて検討したいと思います。

3.　太平洋戦争の際に当時の植民地であった朝鮮半島から多くの青年、少女らが、処罰の威嚇のもとに、あるいは甘言を弄して日本へ連れて来られ、劣悪な環境下で酷使され、賃金さえ払われずに放置され、戦後も長い間解決されない状態が続いてきました。

　しかし、韓国が軍事独裁政権から転換し、民主化が進むにつれ、この戦時下での強制連行・強制労働問題（戦後補償問題）の解決を求める声が高まり、解決を求める取り組みが日本国内でも始められました。富山でも工作機械メーカー不二越での強制労働に対し、未払い賃金、損害賠償などを求めて、1992年9月富山地方裁判所に提訴しました。その後、富山地裁や、名古屋高裁金沢支部での判決を経て、2000年7月、日本の最高裁判所でこの種事案で初めて、不二越が原告らに3500万円を支払い、構内に記念碑を設置するなどの内容の和解が成立し一応の解決となりました。私は、原告らの弁護団の事務局長として、この事件に携わってきました。（第一次不二越勤労挺身隊訴訟）

　なお本書の中心的執筆者である小沢浩さんには、歴史研究者の立場からこの裁判に全面的に協力していただき、「日本の朝鮮支配と植民地政策」の表題で130ページにわたる書面を作成していただき、これを原告準備書面（一）として裁判所に提出しました（1993年5月26日）。

《コラム》 戦後補償問題について思うこと

　私としては、この最高裁での和解を機に戦後補償問題の解決が広が
ることを期待していましたが、この件を含めて解決した事件は、わず
かであり、殆どが敗訴判決で終了し、日本国内での司法的解決の道が
閉ざされ、韓国の裁判所に舞台が移りました。そして、韓国での下級
審判決を経て、今回の大法院判決となったのです。

4.　日韓条約や請求権協定での解決済み論が当然のように語られます
が、当の日本政府自体次のように表明しています。
(1991年8月27日参議院予算委員会での外務省柳井俊二条約局長の答弁)

　　「日韓請求権協定におきまして両国間の請求権の問題は最終かつ
　　完全に解決したわけでございます。その意味するところでござい
　　ますが、…これは日韓両国が国家として持っております外交保護
　　権を相互に放棄したということでございます。したがいまして、
　　いわゆる個人の請求権そのものを国内法的な意味で消滅させたと
　　いうものではございません。」

　その後類似の趣旨の答弁が繰り返され具体的な個人の請求権の存否
は裁判所が判断するとの見解も示されています。

5.　また、日本の最高裁判所（2007年4月27日）は、西松建設強制連行
訴訟の判決で、次の通り判決しています。

　　「ここでいう請求権の「放棄」とは，請求権を実体的に消滅させ
　　ることまでを意味するものではなく，当該請求権に基づいて裁判
　　上訴求する権能を失わせるにとどまるものと解するのが相当であ
　　る。」

123

「個別具体的な請求権について債務者側（西松建設　筆者注）において任意の自発的な対応をすることは妨げられないところ，本件被害者らの被った精神的・肉体的苦痛が極めて大きかった一方，上告人（西松建設　筆者注）は前述したような勤務条件で中国人労働者らを強制労働に従事させて相応の利益を受け，更に前記の補償金を取得しているなどの諸般の事情にかんがみると，上告人を含む関係者において，本件被害者らの被害の救済に向けた努力をすることが期待されるところである。」

このように、日本の最高裁判所は、個人の請求権は消滅したのではないと判断しており、この法律判断には、行政も拘束されるので日本政府の判断にもなります。

6.　その後、西松建設（旧西松組）は、2010年4月23日、被害者らと東京簡易裁判所で正式に和解しました。西松建設は、被害者らに謝罪するとともに、記念碑を建立し、同時に2億5000万円の和解金を支払うことを約束しました。

従って、新日鉄住金が上記の西松建設のように任意かつ自発的に賠償金を支払うことは法的に可能であり、その際、条約や請求権協定は障害にはなりません。

こうしてみればさきに見た日本政府の対応は、明らかに異常であり、冷静さを欠いたものと言わざるを得ません。

この問題の解決にあたっては、日韓両国が相互に非難しあうのではなく、本判決を真摯に受けとめてこれを機に根本的な解決を行うべきだと思います。元徴用工の問題の本質は人権侵害であり、なによりも被害者個人の人権が救済されなければなりません。それはすなわち、

《コラム》 戦後補償問題について思うこと

　本件においては、新日鉄住金が本件判決を受け入れるとともに、自発的に人権侵害の事実と責任を認め、その証として謝罪と賠償を含めて被害者及び社会が受け入れることができるような行動をとることです。既に私の担当した不二越勤労挺身隊（第一次）事件では、記念碑を設置し解決金の支払いがなされました。日本鋼管でも韓国人強制連行訴訟が1999年4月に解決しています。また、中国人強制連行事件である花岡事件、西松事件、三菱マテリアル事件など、訴訟を契機に、日本企業が事実と責任を認め、企業が資金を拠出して基金を設立し、被害者全体の救済を図ることで問題を解決した例があります。そこでは、被害者個人への金員の支払いのみならず、受難の碑ないしは慰霊碑を建立し、毎年中国人被害者等を招いて慰霊祭等を催すなどの取り組みを行っています。

　また、ドイツでは「記憶・責任・未来」という名称の強制労働補償基金がドイツ政府と企業の折半の支出により設立され、160万人余りの人に補償がなされたといわれています。

　新日鉄住金もまた、元徴用工の被害者全体の解決に向けて踏み出すべきです。それは、企業としても国際的信頼を勝ち得て、長期的に企業価値を高めることにもつながることです。韓国において訴訟の被告とされている他の日本企業においても、本判決を機に、解決に向けた取り組みを始めるべきであり、経済界全体としてもその取り組みを支援することが期待されているというべきです。

　こうした取り組みを進め戦後補償問題を解決していくことは、日本国憲法前文の「政府の行為によって再び戦争の惨禍が起こることのないようにすること」の決意の実質化であり、憲法を生かす道であると考えます。

　更に言えば、平成天皇の硫黄島、沖縄、サイパン、パラオ、フィリピンなどへの慰霊行為と表裏をなすものだと私には思えます。

イタイイタイ病・カドミウム被害
―未解決問題の全面解決

山田　博

1　はじめに

　『黄金色の稲穂が風にゆらぐこの神通川両岸の地は、先人が営々辛苦の末開拓した沃土であり、我々子孫にもたらされた偉大な遺産である。ところが、明治後期ないし大正期から稲の生育が阻害される農業被害が出始め、大正中頃から昭和前期にかけて以降、全身の激痛と骨折により「イタイイタイ」と泣き叫ぶ〝奇病〟の患者が年々多発する鬼哭啾々（亡霊の泣き声が聞こえるようなさま）の地と化した。』

　これは、イタイイタイ病対策協議会結成50年を記念して2016（平成28）年11月に建立された「イタイイタイ病　闘いの顕彰碑」の冒頭部分です。

2　被害の発生、広がり

　この顕彰碑にも記載されていますが、神通川（岐阜県飛騨地方に発し富山湾に注ぐ約120キロの河川）下流での被害の発生は、明治時代後期から、大正年間にかけて稲の生育が阻害される農業被害が発生し、また、全身の激痛と骨折により「いたいいたい」と泣き叫ぶ奇病、風土病と呼ばれた人体被害が発生しました。この被害は、神岡鉱山の操業の拡大に合わせて、増大してきました。

　住民は生活体験上、神岡鉱山の排水が原因であると感じてきましたが、排水の中の鉱毒に含まれるカドミウムが原因であると発表された

のは、昭和30年代後半、萩野昇医師や吉岡金市博士らによってです。その後多くの医師らの研究により、カドミ原因説が確立されていきました。こうして1968（昭和43）年5月にイタイイタイ病の原因は、神岡鉱業の排出するカドミウムであるとする「厚生省見解」が出され、日本で最初の公害病に指定されました。

3　裁判提起

イタイイタイ病問題を解決するためイタイイタイ病対策協議会（イ対協）が、1966（昭和41）年11月14日、婦中町熊野公民館で結成されました。

イ対協に集まった被害住民はムシロ旗を立てて、何度も神岡鉱業所に補償要求に行きましたが、会社は門前払いをして「天下の三井は逃げも隠れもしません。国の機関で責任を認められれば払います。」と豪語しました。

こうして広範な農業被害と健康被害の救済のためには、裁判しかないと決断し、小松義久氏を中心として「戸籍をかけた闘い」が始まりました。

また、弁護団も正力喜之助、近藤忠孝、島林樹、松波淳一弁護士ら20数名の常任弁護団により結成され、1968（昭和43）年3月9日　三井金属を被告として損害賠償を求めるイタイイタイ病第1次訴訟が富山地裁に提訴されました。

4　判決と3つの誓約書、協定

この裁判は、無過失責任を定めた鉱業法を根拠に進められ、三井金属の引き延し策に抗し、世論の大きな支持に支えられ、1971（昭和46）年6月30日、我が国裁判史上初めて被害住民が勝利する画期的な判決となりました。これに対し、三井金属は控訴しましたが、原告らは請

求額を２倍に拡張して積極的に控訴審に取り組み翌1972（昭和47）年８月９日　名古屋高裁金沢支部で控訴審完全勝利判決が出されました。

　被害住民らは、翌８月10日　三井金属本社での長時間にわたる直接交渉を粘り強く行いその結果、３通の書面、即ち

　　　イタイイタイ病の賠償に関する『誓約書』

　　　汚染土壌復元に関する『誓約書』

　　　神岡鉱山への立入調査に関する『公害防止協定』

の締結を勝ち取りました。

　その後、40年以上にわたり、この協定を基礎に諸課題の解決を目指す取組が続けられてきました。

5　裁判後の40年にわたる取り組み

　裁判後40年以上にわたり取組が、可能となったのは、

（１）イ病患者、遺族が裁判で得た遅延損害金を全額拠出して活動費を
　　　確保したこと。
（２）また、６か所の被害地域に全農家が参加する鉱対協が組織され
　　　休耕補償費の一部を拠出して活動費とし、地域ぐるみで汚染農地
　　　の復元、発生源対策に取り組んできたこと。
（３）また、全国の公害被害者との連帯、協力をしてきたこと。

　などがあげられます。こうして体制と財政を確立し、現在まで粘り強く取り組んできました。

　以上が、私の関与が何もない、私にとってのいわば「前史」です。

《コラム》 イタイイタイ病・カドミウム被害

6 私のかかわり

1971（昭和46）年全面勝訴の判決がなされた頃、私は高校生であり、当時、高校の青年教師であった犬島肇氏（本書執筆者の一人、後の県議会議員）の紹介で木澤進弁護士に面会しました。イタイイタイ病問題に熱心に取り組んでいる弁護士の姿を見て、私は弁護士を志しました。連日イタイイタイ病の報道がテレビや新聞で大きくなされており、当時この光景に接した多くの若者が、大きな影響を受け、その後の人生を歩んでいったと思われます。

私が弁護士となったのは1981（昭和56）年4月であり、イタイイタイ病弁護団に当初から当然の如く参加しました。当時は裁判が終了して10年ほど経過しており、三井金属との間で締結された前期の3つの協定書、覚書に基づく活動が粘り強く取り組まれていました。

当時は全体の弁護団会議が、毎月1回、その間に在県の弁護団会議が1回程開かれていました。この会議で、各々の課題の進行状況の確認と、方針の検討が行われ、運動が進められてきました。

7 患者救済活動

裁判後数年してカドミ原因説を否定する「巻き返し」が繰り広げられました。これに対し、被害住民が、環境省交渉に毎年取り組み、また、イタイイタイ病セミナーを毎年開催したり、更に数次にわたり行政不服申立などの取組を行い、患者救済の取組をすすめてきました。その結果、現在イタイイタイ病認定患者は200名（うち生存者5名）、要観察者343名（うち生存者5名）となっています。また、カドミ腎症問題は三井金属と直接交渉を行い独自の救済制度を創設して救済が図られてきました。（後述）

129

8 汚染農地復元活動

　カドミウムに汚染された汚染農地の復元事業（土壌の入れ替え）は、指定地域を狭く限定したり、三井金属の費用負担割合を低く抑えるなど問題点をはらみながら1979（昭和54）年からスタートし、1,685haの指定地域のうち、除外地を除く862haの復元工事が2011（平成23）年に完了し、広大な汚染地が美田として蘇りました。

　この事業の完遂には、被害住民が毎年上京して、農水省などとの交渉を行い、事業促進を働き掛けてきたことも大きな要因です。

9 発生源対策活動

　環境汚染をさせないためには、鉱害の発生源での対策が不可欠です。住民の立入調査権に基づく神岡鉱山の発生源対策は、原善四郎東大教授や、倉知三夫京大教授など多くの協力科学者や、弁護団の支援を得て、粘り強く取組まれ、その結果、神岡鉱山の排水口からのカドミの排出は、1972年では月35kgであったが、2014年では、月3キロ未満となり、また、排煙から出るカドミは同じく、月5キロから月0.11キロと大幅に減少し、これらの活動を通じて、神通川下流の牛ヶ首用水での水質は、0.07ppb程度となり、自然界レベルとなりました。

　発生源対策の活動は、当初、弁護士は、地元では故葦名元夫弁護士が主に行っていました。しかし、彼は、頭は鋭いが身体をかけて山の中を歩き回ることは苦手だったため、大阪の石橋一晃弁護士と名古屋の榊原匠司弁護士がリードしていました。そこで、この活動に新人の私が参加することとなりました。私は、身体をかけて神岡鉱山の内外をくまなく歩き回り調査活動に取り組んできました。神岡鉱山の三つの工場、多くの坑内や堆積場、槍ヶ岳や乗鞍の近くまであった休廃坑の調査など年間10〜20日ほどかけて神岡に通っていました。

《コラム》 イタイイタイ病・カドミウム被害

　地元住民や学者、弁護士の協力を得て、神岡鉱山内外へ繰り返し調査活動を行い、改善要求を繰り返し、徐々に神通川の水質が良くなっていきました。

　特に、今日に至る転換点となったのは、1991（平成3）年の第20回立入調査でした。三井金属は地元住民に無断で新電解工場を建設しようとしていました。これに対し地元住民は、工場敷地の汚染調査やその改善をすることなく、新工場を建設することは認められないとして工事の中止を求めました。しかし会社はこの求めを無視して建設を進めようとしていたので、第20回の立入調査で、三井金属が工事中止を約束しない限り、神岡から富山に帰らないという強い決意で交渉に臨みました。このときの質疑の司会は私と地元の高木良信さんとで行ないました。休憩時間もはさむ長時間の交渉の末、地元住民の強い決意の前に三井金属は工場の建設を遂にストップし、土壌調査とその改善を約束しました。

　この時点から地元と神岡鉱業との力関係が変わったと思われます。それまでは神岡は地元住民の調査に対し、なるべく情報を隠そうとする態度が強く、また、対決的な場面も度々見られましたが、これ以降は地元住民を無視しては事業が円満に進まなくなることを理解し、調査に協力的となっていったと思われます。

　次に印象深いこととして、神岡鉱山には坑道が無数にありますが、会社は、この坑道跡に地域から出るごみの焼却灰の捨て場にする計画を地元住民に説明することなく進めていました。これに対し、会社が自分で出している廃棄物以外に地域や一般の廃棄物の捨て場にすることは、ダイオキシンなど様々な悪影響があり、地元住民としては中止を求めました。しかし、会社は計画を止めようとしませんでした。そこで、地元住民は、富山市、婦中町、八尾町、大沢野町、県議会での反対決議を取り付けて、改めて一般廃棄物の投入を断念することを求めたところ、ついに、会社は、1996（平成8）年10月に断念しました。

振り返ってみて、こうした粘り強い活動を長期間継続し、これに中心的に長く関わってこられたことに私としては、大きな充足感があります。

　神岡鉱山に対する発生源対策は大きな成果を収めました。国の定める環境基準をはるかにクリアし、その100分の1レベルとなり、遂に自然界値を達成するまでに改善しました。

　その要因は、次のようにまとめられると思います。

　第一に、1975（昭和50）年8月10日に締結された「公害防止協定」が立派であったこと。この協定は、日本では他に例がない専門家を伴った住民の立入調査権や各種資料を収集する権利及び資料開示を認めさせ、かつ調査費用は全て会社が負担するという画期的な協定書です。

　第二に、この協定を生きたものにしてきた運動の力がありました。地元では、全農家が参加する住民団体が組織をされていました。小松義久氏を始めとする各鉱対協の指導部が地域を一つにまとめてきました。そして、これに学者・弁護団が積極的に協力をしてきました。この体制を作った上で発生源対策会議を繰り返し行い、課題を検討し、専門立入調査と全体立入調査を繰り返し実施し、前記のような厳しい改善要求を行い大きな成果を上げてきました。

　第三には、到達目標を環境基準のような低レベルではなく、自然界値に到達することを目標に設定し、これを堅持して粘り強くその達成を追及してきました。

　第四には、こうした活動の結果、企業の姿勢にも変化が現れてきました。前記のような強力で粘り強い活動を通し、企業も住民の理解を得てこそ企業が存立できると考え、また、環境を良くすることが自らの利益にもなると考えるようになり、そういう姿勢に変わってきました。こうして地元住民と企業の間に徐々に「緊張感のある信頼関係」が形成されてきました。

　しかし神通川上流には、大量の産業廃棄物が永久にあるので、今後

《コラム》 イタイイタイ病・カドミウム被害

は、これまでの到達点を後退させないことや緊急時や異常時の対策を
引き続き行っていくことが重要です。

10　残された課題

　こうして神通川の水質が自然界値に戻り、汚染された水田の土壌の
入れ替えも完了に近づいた頃から、私の頭にはイタイイタイ病問題の
未解決問題の解決をいつ、どのようにするかという課題がずっと念頭
にありました。

　諸先輩から三井金属から裁判直後に正式な謝罪をしたいといわれて
いたのを、地元住民は、三井金属がやることをすべてやってから謝罪
を受ける、それまでは、謝罪は棚上げにしてある、と聞かされていま
した。また、その際には未解決問題に対する相応の解決金を支払うと
いうことも約束されていると何度も聞かされていました。しかし、こ
れらの「約束」はどこにも文書がなく、当事者の頭の中の記憶にしか
ないものでした。

　また、「カドミ腎症」の問題も環境省に公害病認定を求める交渉が
10年以上一歩も前進しておらず、これからも環境省に公害病認定を求
める路線でいくのか、それとも三井金属と直接交渉するか、長年、地
元や弁護団で検討を重ねてきました。そして、万一三井金属との直接
交渉がうまくいかない場合には、三井金属を相手にもう一度訴訟する
覚悟があるのかも重い議題でした。

　しかし、悩んでいても時間が経過するばかりであり、三井金属相手
に裁判するか否かは棚上げにして、直接交渉に入ることを2008（平成
20）年、遂に弁護団会議で決めました。

　三井金属に対する要求項目は次の４点でした。

　①地域再生のための活動費の拠出

②イタイイタイ病資料館建設への協力
③カドミウム腎症被害に対する救済
④正式謝罪と解決金の支払い

　この４項目について、2009（平成21）年５月18日付けで三井金属の東京本社へ事前通知し、東京都品川区大崎駅前にある三井金属本社へ私と水谷敏彦弁護士、地元代表などで６月２日、訪問しました。これが全面解決交渉のスタートです。

　当日、三井金属は、概ねこちらの述べた事実経過を認め、誠実に対応することを約束し、交渉の糸口をつかみました。

　その後、10月14日に第１回交渉を行い、最終的に４年間で13回の交渉が地元清流会館で行われました。私は最後まで交渉の進行役を務めましたが、途中で運動の中心メンバーの一人である江添久明氏が死亡したり、会社の交渉担当者が度々変更したりしました。

　2010（平成22）年12月の第４回交渉で、三井金属は、イタイイタイ病資料館建設費用として、富山県に５億円を出すことを表明しました。私は、この金額は、我々の求める解決金額の参考になると話しました。

　2011（平成23）年６月の第５回交渉では、三井金属が地元に対し活動費を全面解決時まで毎年支払うことを合意しました。

　2011（平成23）年10月の第６回交渉から「カドミ腎症」の協議となりました。地元住民は公害病としての救済を求めましたが、会社は病気ではなく健康管理のための費用として一時金を一律に支出することを表明しました。

　地元は協議を重ね、イタイイタイ病研究者らの意見も聞いて会社のスキームを受け入れることを決めました。あとはその金額と適用時期及び救済手続の詰めが残りました。その詳細を詰めるプロジェクトチームが立ち上げられました。

　こうして「カドミ腎症」の救済問題に一応目処がつき、残された主な課題は解決金となりました。

そしてついに、2013（平成25）年10月22日の第11回交渉で、「カドミ腎症」被害者には1人60万円を支給する、解決金は10億円とすることで合意しました。

その後、協定書の文案の確定、調印式の持ち方等の協議が行われました。

11　全面解決

2013（平成25）年12月17日、三井金属の正式の謝罪を受けて全面解決に関する調印式が富山県知事、富山市長を立会人として執り行われました。こうしてイタイイタイ病問題は、発生から100年過ぎて未解決問題を含めて全面解決しました。

なお、全面解決というのは、問題が全くなくなったという訳ではもちろんありません。新しい患者の認定問題や神岡鉱山への立入調査など問題はこれからもいろいろ発生しますが、これらを解決するすべてのルールが決められたという意味での全面解決です。

12　おわりに

私がこの問題に関わってすでに35年以上経過しましたが、この間、住民が要求してきた県立イタイイタイ病資料館が建設され、2015（平成27）年10月に平成天皇がここを訪問し、2016（平成28）年にG7の各国の環境責任者も訪問しました。

こうして、イタイイタイ病をめぐる地元住民の長年の取り組みは、国内外の正当な評価を受けました。

また、神岡鉱山には、スーパーカミオカンデが設置され度々ノーベル賞を受賞していますが、これも三井金属に坑道内への一般廃棄物の投棄を断念させるなどの地元住民の長年にわたる発生源対策の活動も大きな一助となっているといえます。

悲惨な被害を克服してきた住民の長期にわたる力強い取組みは、これからも末永く世界の人と後世の人に伝えられていくに値すると思います。

憲法９条と沖縄のこと
―Ａさんへの手紙

鈴木 明子

　Ａさん、今夏、初めて沖縄に行ってエメラルド色の海と白い砂浜に感激して思い切り泳いできたお話、楽しく伺いました。でも、那覇発のバスの車窓から観た米軍基地がどうしてそんなに多いのか、その理由をちゃんと知りたいと思った、とも話してくれましたね。それで、私の知っていること、考えてきことをもう少しお話しようと思います。

沖縄と本土

　９年前、日本国憲法の成立過程を自分なりに調べて小冊子にまとめました（『映画「日本の青空」を観て―平和憲法の誕生と鈴木安蔵―』2010年、自刊）。まとめる過程で、一切の戦力を放棄することを謳った私たちの誇る憲法９条は、沖縄を犠牲にして、つまり沖縄を軍事基地にすれば本土は非武装で良いとして制定されたことを知り、沖縄と本土の関係史をもっと知らねばと思いはじめました。

沖縄戦のこと

　「さとうきび畑」という歌を知っていますよね。「ざわわ　ざわわ　ざわわ　昔　海の向こうから　いくさがやってきた　夏の日差しのなかで　あの日　鉄の雨にうたれ　父は死んでいった・・」。1945年３月から６月、沖縄に上陸してきた連合軍と日本軍の戦いで、連合軍に殺された父親をうたっています。広いさとうきび畑にも、激しい砲撃

137

―鉄の雨―が降り注いだのです。

　連合軍はすでに太平洋の島々を手中に収め、沖縄の島々を日本本土攻撃のための前進基地とすべく上陸し―それはまるで海を真っ黒に塗りつぶすような大艦船群だったそうです―攻撃を始めました。日本軍のほうは、本土決戦をできるだけ遅らせるために、沖縄に米軍を引き留めておこうと持久作戦に持ちこみ、これに住民が巻き込まれ、10代の子ども達まで参戦させられました。激しい戦闘で、日英米あわせての死者は、20万人以上と言われています。兵士より住民の犠牲のほうが多く、沖縄県民の４人に１人が亡くなったともいわれています。勝敗は５月末には決していたのに、牛島満司令官は、自決前に「最後の一兵まで戦え」と命令しました。支配者達にとっては、沖縄での時間稼ぎで本土を守り、天皇制という国家体制を死守して、'国体護持'を図りたかったのです。戦火に追われて住民の多くはガマと呼ばれる自然の洞窟などに避難。しかしガマや壕は日本兵の隠れ場所にもなったため、住民が追い出されたり虐殺されたりしました。日本軍には「生きて虜囚の辱めを受けず」という戦陣訓が徹底されていたので、連合軍から投降を促されても応じなかった場合が多く、住民たちも追い詰められて肉親相互が殺し合う集団自決（強制集団死）が多発しました。わずか74年前にあった出来事です。

9条の発案者は？

　憲法９条の「戦争の放棄条項」の発案者は、制定時に首相だった幣原喜重郎（内閣は1945年10月～1946年４月）の発案か、または幣原と連合国最高司令官マッカーサーとの合作だとする説が有力視されています。マッカーサー自身、朝鮮戦争で最高司令官を解任されて帰国した後の聴聞会でも、自らの回想記（1964年）でも、「発案者は幣原」と明言しており、後に幣原自身が発案者と語るテープも発見されています。

　しかし憲法学者の古関彰一さんは「これらはいずれもマッカーサー

《コラム》　憲法9条と沖縄のこと

と幣原という当事者そのものから、あるいは当事者からの伝聞であることに注意する必要がある」と指摘しています。古関さんは、日本国憲法の制定史に関する数々の著作で、日本国憲法になぜ戦争の放棄・軍備不保持が明記されたのかは、日本の戦争責任や天皇制、さらに沖縄に集中する米軍基地の問題と切り離せないものとして在る、と述べています。私の考えは、主に古関さんのいくつかの著書を通して学んできたものです。9条の発案者についての古関さんの意見をもう少し紹介します。

　大日本帝国憲法（明治憲法、1889年発布）改正案として幣原政権下で提出された政府案「松本案」は、明治憲法の基本的枠組みから抜け出せず、民間からも出された諸草案中で最も反動的なものでした。そのためGHQ（連合国総司令部）自身が秘密裏に憲法草案を作成することになったのです。GHQの憲法案が日本側に示された1946年2月13日、その場にいた吉田茂外務大臣、松本烝治国務大臣、白洲次郎終戦連絡部中央事務局参与は、GHQ案に衝撃を受け、しばらくは報告を受けた幣原首相を含めた4人だけの秘密にしたといいます。幣原が9条の発案者だったなら、GHQ側が「戦争の放棄」を示した時、閣議で説明して賛意を表したはずです。その上、幣原は閣議で「（GHQの）憲法公布案で、先方の1番の眼目は、天皇の象徴の規定と戦争放棄の規定である。このようなことなどは、そのときまで日本は考えたこともなかった」と語ったという記録が残っています（古関、2017）。

天皇制とマッカーサー

　1946年2月3日、マッカーサーは、民生局局長ホイットニーに憲法改正の必須3条件、いわゆる「マッカーサ一三原則」（1．天皇は国の最高位の地位にある，2．国権の発動たる戦争は廃止する，3．日本の封建制度は廃止される）を示しました。古関さんは、3原則の2．について、マッカーサーが「戦争の〝放棄〟」とは言っておらず、「戦争の〝廃止〟

139

(abolished)」という言葉を使っていることに注目し、ここからは「その主たる目的が日本の平和ではなく、日本が二度と戦争のできない国にしたかった」という強い意志が感じられる、と指摘しています。ただし、ここで見落としてはならないのが、この段階ですでにマッカーサーは、沖縄を本土から事実上「分離」する政策を実施していたことです。マッカーサーにとって「二度と戦争ができない国」とは、本土であって、沖縄は別の存在だった、と古関さんは述べています。

　GHQの民生局が憲法改正案を起草し始めた1946年初め頃、日本の戦争責任者を裁く「東京裁判」(極東国際軍事裁判)の被告人選定が行われていました。日本の対戦国だった国々は、昭和天皇は起訴されるべきだと考えていました。アジア・太平洋戦争に突き進んでいった1930年代、天皇は教育の場においても徹底的に祀り上げられ、15年に及ぶ日本軍の侵略戦争はその天皇の名において行われたのですから、昭和天皇の戦争責任への国際世論が極めて厳しいものだったのは当然です。対してマッカーサーは、天皇の戦争責任を追及せず、その権威を利用しながら占領統治を行うのが得策、との「高度な政治判断」を、1945年11月頃には固めていた、といいます(吉田、1992)。日本人が幼い頃から厳格に身につけさせられていた天皇への‘尊崇’の念を最大限利用することが、日本支配に有効だとわかっていたからです。マッカーサーは、1946年1月25日付でアイゼンハワー陸軍参謀総長あてに極秘電報を発し、もし仮に天皇が訴追されるならば、日本の国内で大規模な騒乱状態が発生するであろう、と警告を発していました(吉田、1992)。ただし、今のままの天皇では国際社会からの賛意は得られないと考えて、天皇を政治権力をもたない‘象徴’とし、世界に前例のない「徹底的な平和主義」と「戦力不保持」を掲げる憲法を制定させることが必要だったのです(古関、2017)。1946年1月1日に、天皇の詔書、いわゆる「人間宣言」が発せられ、天皇が自らの神格性を否定したのも、こうした政治的文脈のなかでなされたものだったのです(吉田、1992)。

　憲法が施行されたのは1947年5月3日、その1年前の5月3日は、

《コラム》 憲法9条と沖縄のこと

日本の戦争責任を裁いた東京裁判が開廷された日でした。憲法9条は、「単に日本が戦争をしないというだけでなく、日本が二度と戦争しないことを連合国、あるいはアジアの戦争被害国にたいして誓った誓約書でもある」（古関、2006）ことを改めて強く認識させられます。

沖縄県民の排除

ポツダム宣言を受諾した日本はGHQによる間接統治下に置かれましたが、沖縄は米軍の直接支配下に置かれることになりました。1946年1月、GHQは、日本政府あてに「若干の外かく地域の日本からの政治上及び行政上の分離に関する総司令部覚書」を発し、沖縄は本土から行政的に分離されることになりました。その前月の1945年12月、第89回臨時帝国議会で衆議院選挙法が改正され、女性参政権は認められましたが、沖縄県民や北方四島などの住民や旧植民地出身者の選挙権は、GHQの意向を理由に停止されました。沖縄県選出衆議院議員の漢那憲和は、「帝国議会に於ける県民の代表を失うことは、其の福利擁護の上からも、又帝国臣民としての誇りと感情の上からも、まことに言語に絶する痛恨事で・・・沖縄戦で60万県民が払った犠牲は、其の質に於いて恐らく全国第一・・」と切々と訴え、選挙権を停止しないよう強く要望しました。しかし、政府側はGHQの同意が得られないと答えたのみでした（古関、2018）。1946年6月からの実質的に最後となった第90回帝国議会で、日本国憲法が審議・確定されていくのですが、旧植民地出身者も沖縄県民も排除されたままでした。これと並行して沖縄の軍事基地建設が進められていったのです。

本土の非武装化と沖縄の基地化

憲法施行後約1年で、米国軍部は日本の再軍備を考え始めました。その段階では、マッカーサーは、日本の再軍備に反対し、「沖縄に十分な

空軍を維持するならば、外部からの攻撃に対し日本防衛は可能、・・・沖縄の開発と駐留を進めることによって、日本の本土に軍隊を維持することなく、外部の侵略に対し日本の安全を確保することができる」などと述べていました（古関、2017）。しかし、1950年6月25日、朝鮮戦争が勃発。東西冷戦の厳しい状況下で、同年8月、マッカーサーの指令を受け、吉田内閣は、自衛隊の前身「警察予備隊」を創設しました。事実上の日本の再軍備の始まりです。

　以上の経緯からも憲法9条の発案者は、やはりマッカーサーだったと考えるのが妥当だと思います。マッカーサーが自分の回想録などで幣原と言い、幣原も同様に言っていたのは、朝鮮戦争で軍事戦略の修正を余儀なくされたからで、それで発案者を幣原にしたのではないか、と推論する古関さんの説には説得力があります。1920年代、穏健外交を展開、晩年には平和憲法の素晴らしさを熱心に説いた幣原にしても、9条発案者とされることは名誉と受け止められたのではなかったかと思います。

「沖縄メッセージ」

　1947年9月19日、昭和天皇の側近・寺崎英成が、GHQ外交局長のシーボルトを訪ね、沖縄に関する天皇の考え（「沖縄メッセージ」）を伝えました。それは、米国立公文書館に保管されていたものを政治学者の進藤栄一さんが発見し、月刊誌「世界」の1979年4月号で初めて明らかにされました。その核心は、「天皇は米国が沖縄の軍事占領を継続することを希望している」こと、その理由は「米国の利益になるし、日本を護ることにもなる」から、というところにありました。そして軍事占領は、「日本に主権を残存させた形で、長期（25年～50年ないしそれ以上の）の貸与をするという擬制（fiction）の上になされるべき」と主張しました（進藤、2002）。このメッセージは、新憲法で '象徴' とされ、政治的発言はできなくなったはずの天皇の、政府を飛び越えた発言で

《コラム》　憲法9条と沖縄のこと

もあり、当時大きな反響を呼び、国会でも天皇の政治的行為として問題視されました。そして何より、米国の沖縄政策に大きな影響を与えたことが推測されます。

　このメッセージが発せられる4ヵ月前、新憲法施行直後の1947年5月6日に行われた4回目のマッカーサー訪問でも、天皇は「新憲法が軍隊を禁止し戦争を放棄していることに不安を感じている」と話し、米軍による日本防衛の保障を求めていたのです（豊下、2008）。政治学者の豊下楢彦さんは、天皇が「沖縄メッセージ」で沖縄の主権を日本に残すことに執着した理由について、「昭和天皇にあっては、本土の『安全』を確保するためには、沖縄が日本から切り離されてはならなかった。潜在的であれなんであれ、『主権』によって繋がっていることによって、沖縄の米軍は日本防衛と関わりをもつことになる。…沖縄とは、あくまで本土のために犠牲になることが運命づけられた"捨て石"そのものだからであり」、「こうした認識は、戦後の歴代政権、…政界、メディア、…世論のなかにも存在し続けてきた。本土の沖縄認識をある意味で『象徴』するものであろう」と指摘しています（豊下、2018）。

日本の主権回復と沖縄の分離

　1951年9月8日、日本は、サンフランシスコで連合国48か国と第2次世界大戦の講和条約（サンフランシスコ平和条約）に調印し、翌年4月28日、主権を回復して7年に及んだ連合軍による占領が終結しました。

　この条約で、沖縄の扱いについては、第三条で以下のように定められました。「日本国は・・（沖縄や小笠原）を合衆国を唯一の施政権者とする信託統治制度の下におくこととする国際連合に対する合衆国のいかなる提案にも同意する。このような提案が行われかつ可決されるまで、合衆国は、領水を含むこれらの諸島の領域及び住民に対して、行政、立法及び司法上の権力の全部及び一部を行使する権利を有するものとする」。わかりにくい文章です。日本の領土主権の放棄は規定して

いませんが、主権を確認するものでもありません。そして実際には米国が南西諸島などの信託統治などについて国際連合に提案することはないまま、米国が全権を行使し続けました。それでは沖縄の法的地位はどうなっていたのでしょうか。1958年10月23日の衆議院内閣委員会で岸信介首相は、沖縄には日本国憲法は適用になっているのか、との質問に「アメリカが一切の施政権を持っておりますから、憲法がここに施行されているということは言えないと思います」と、沖縄が日本国憲法の適用外であると認めざるをえなかった、といいます（豊下、2018）。では米国憲法が適用されたのでしょうか？いいえ、「米軍支配下の沖縄では『軍事的必要性』が最優先され、戦時国際法も世界人権宣言も国連憲章さえも遵守されない事態が日常化していた」（豊下、2018）のです。

　こうして沖縄は、米軍の厳重な管理の下に置かれ、琉球諸島の出入域に関しては、米民政府（琉球列島合衆国民政府）発行のパスポートの給付を受けねばならなくなりました（新崎、2001）。日本が主権回復した1952年4月28日は、以来、沖縄にとっては‘屈辱の日’となったのです。

　サンフランシスコ講和条約が調印された同日の午後、吉田茂首相は米国との間に「日米安保条約」（旧安保条約）を結びました。この条約で、憲法9条のもとにある日本は、米軍が駐留して守ってくれることを望み、米軍は、日本に望まれたので、いてあげます、と言っているのです。しかし、米軍に日本防衛の義務はありません。日米安保条約と、これに基づき取り決められた日米行政協定（後の「日米地位協定」）によって、米軍は日本のどこででも日本政府に基地用地の提供を要求できる（全土基地方式）ことになりました。それでも、日本国憲法がある本土では、様々な特例法を設けても、米軍基地建設が自由にできるわけではなかったのに対して、憲法の適用外とされた沖縄では、基地建設のために暴力的な土地接収（銃剣とブルドーザー）が強行されていきました。この時期に、高まった反基地闘争で本土から撤退した米軍基地

《コラム》 憲法9条と沖縄のこと

の多くが、「日本ではない」沖縄に移駐したのです（新崎、2001）。

1971年6月17日に沖縄返還協定が調印され、1972年5月15日、沖縄の統治権は米国から日本に返還されました。しかし核兵器の撤去は明示されず、米軍基地は日米安保条約によってそのまま存続しました。在日米軍の再編成で本土の基地は3分の1に減ったものの、国土面積の0.6%の沖縄に、米軍基地の70.3%が集中する状況が今も続いています。

沖縄返還にあたって、多くの重大な密約のあったことが次々に明らかにされてきました。緊急事態が発生した場合に米軍が沖縄に核兵器を再持ち込みすることを事実上認めた'核密約'については、2009年に明らかになった文書に「既存の沖縄の核貯蔵地である嘉手納、那覇、辺野古基地をいつでも使用できるよう維持し、重大な事態の際には活用することが必要」と対象基地が明記されています（豊下、2018）。
核兵器とともにAI（人工知能）兵器も人類社会に深刻な脅威と考えられていますが、その実用性を試験する実験部隊が2017年に辺野古のキャンプ・シュワブに派遣されたそうです。米海兵隊トップは、コンピューター制御の支援ロボットや、ハイテク搭載の次世代装備品の実用性などの実験について、「戦闘のあり方を変える試みだ」と強調しています。「この実験をただちに中止させるとともに、国際社会に対して、AI兵器がもつ破壊的な意味を訴えていかねばならない」と豊下さんは述べておられます。

日米安保条約

Aさん、なぜ沖縄に米軍基地が多いのか、あなたの疑問への十分な答えになったでしょうか？日米安保条約で、米国は日本のどこにでも基地を置くことができます。安保条約の第6条では、「日本国の安全に寄与し」のあとに「極東における国際の平和及び安全の維持に寄与するため」、日本で施設や区域を使用する、とし、これに基づいて、在日

145

米軍の地位に関して日米地位協定で定め、在日米軍に特権を与えています。現在日本国内に日米共同使用も含めて128の米軍基地や米軍の訓練空・海域があるそうです。羽田空港や成田空港を往復する民間飛行機が大幅な迂回を強いられていることに見られるように、首都圏の上空さえも航空管制権は米軍にあります。不平等な日米地位協定は、成立後1文字も変更されていません。基地の莫大な経費負担（いわゆる「思いやり予算」だけでも約2000億円）や、米兵の犯罪なども絶えることがありません。そして、朝鮮戦争で、ベトナム戦争で、イラク戦争で…、日本の米軍基地が出撃拠点であり、兵站基地でした。その基地の7割は沖縄に置かれたのです。アメリカは自らの世界戦略のために日本の基地を利用してきました。2015年に制定された安保法制によって集団的自衛権行使が可能とされてしまいましたが、それ以前から、「平和憲法」の上に日米安保条約、日米地位協定が存在しているのが現実だと思います。

　1960年に改定（その後も自動更新）された新安保条約では、「この条約が10年間効力を存続した後は、いずれの締約国も、他方の締約国に対しこの条約を終了させる意志を通告することができ」とあり、通告後1年で条約を解消できることになっています。安保条約は、破棄することができるのです。しかし、その意思を私たちは示せないままです。沖縄は、沖縄戦でも、憲法制定時においても、日本の敗戦後の占領からの独立においても、そして沖縄返還後においても、ずっと本土とは異なる扱いを受けてきました。

　「沖縄の犠牲なしに戦後の日本は成り立たなかったと言っても過言ではないだろう」、「・・・だれにも犠牲を引き受ける覚悟がなく、だれかに犠牲を押し付ける権利もないとしたら、在日米軍基地についても原発についても、それを受け入れ、推進してきた国策そのものを見直すしかないのではないか」（高橋、2012）という意見に深く頷かずにはいられません。

《コラム》 憲法9条と沖縄のこと

南西諸島への自衛隊配備

　米軍基地の問題だけではありません。今、沖縄では、中国の脅威などを理由に、もっとも西の与那国島、そして石垣島、宮古島、鹿児島県の奄美大島など南西諸島への自衛隊配備が急ピッチで進んでいます。米軍との共同作戦を策定し、確実に国防軍化しつつある自衛隊。74年前の沖縄戦の犠牲者たちは、いったん戦争になれば、軍隊は住民を守らないと、地底から叫び続けているのではないでしょうか。

　基地のない平和な沖縄を実現するために徹底した非暴力で闘っている人々の不屈の運動についても、いつかお話できたらと思います。2018年12月13日、そうした一人である那覇の友人から電話がありました。「安倍政権は、明日14日、新基地建設のため、辺野古の海に土砂を投入する、多分それは阻止できないだろう、けれど私たちは歴史において勝つ、歴史が判定するのだから」としっかりした声で話してくれました。

示された民意—県民投票

　2019年2月24日、沖縄県では、この新基地建設のための埋め立てに対する賛否を問う県民投票が行われました。全県での投票の実現には、沖縄戦も本土復帰への苦闘の歴史も体験していないＡさんのような若い人々の力が大きかったと聞き、心強く思いました。結果は圧倒的な票差で埋め立て反対の県民の意志が示されましたね。にもかかわらず、国は、住宅密集地にある普天間飛行場の危険性除去のためには辺野古基地新設が唯一の解決策として、この海域での工事を続行しています。その大浦湾海底は超軟弱地盤で、しかも活断層があることを、国もようやく認めました。果たして改良工事など完遂できるものか、見通しも立たないにもかかわらず民意を無視し、莫大な税金を使って新たな土砂投入を続ける日本政府。

147

2018年９月、沖縄知事選で、玉城デニー候補の演説後、その１か月前に亡くなった翁長前知事の言葉が流されたそうです。「ウチナーンチュ　ウシェーティナイビランドー！」（沖縄を舐めんなよ！）。日本が民主国家だというのなら、安倍首相には県民投票開票直後の「沖縄に寄り添う」との言葉を、文字通りに実行してもらおうではありませんか。

　原稿を読んで貴重なご意見をくださった「ゆいまーる❤とやま沖縄つなぐ会」の小原悦子さんと「コリアプロジェクト＠富山」の堀江節子さんにお礼申し上げます。

　なお、カッコ書きで入れた引用文献については、巻末の参考文献表で確認していただければ幸いです。

山本太郎氏の「直訴状」
—現憲法下の天皇と天皇制について考える

小澤　浩

1947（昭和22）年12月1日（昭和天皇富山県「巡幸」の日）のヒロシ君10歳のときの日記より

「もう一時間まえから道ろへしゅうごうです。みんないいふくをきて、旗をもって大さわぎです。…「みなさまままもなくへいかさまがおいでになります」とおうぷんかーにのった女の人がいいました。みんなうれしくてたまりません。十分ほどたつと「来た来た」というこえがなみのように前からつたわってきた。…とうとう天皇陛下のみくるまがあらわれました。もうおかおを見るのにむがむちゅうです。そこへありがたい天皇陛下さまのおんおすがたがみえました。今までおなじ人間でありながら、<u>とだらくさ</u>（富山の方言＝ばからし）はんぶんにみてゐたのに、おすがたがみえるとありがたくてばちがあたるくらいです。僕はオープンカーかとおもったらチョコレート色のはいやーです。天皇陛下はにこっとしてぼうしをもってたっておられた。みんな一せいに「バンザーイ」のこえがひびいた。（小澤浩・小沢梅子『ヒロシ君と戦争——わが軍国少年の頃』桂書房1999年）

そして72年後、2019年5月、81歳になったヒロシ君の思いは…

秋の園遊会などというと、我々フツウの庶民には縁がないから、普段は気にも留めないのですが、いつだったか俳優から国会議員になっ

149

た山本太郎氏が、その園遊会で天皇に「直訴状」を手渡すなどという
いささか芝居がかったことをやってくれたおかげで、マスコミの注目
を集めたことがありました。

　当時の新聞の報ずるところによれば、政府や与野党はこれを天皇の
「政治利用」だとしてこぞって非難の声を上げ、処分も検討されてい
たのだとか。もう旧聞に属することですが、ご記憶の皆さんは、この
問題に就いてどういう感想を持たれましたか？　私自身について言え
ば、このニュースを聞いてすぐに思い浮かべだのは、明治期、足尾鉱
毒事件で明治天皇に直訴状を渡そうとした田中正造のことです。天皇
大権を規定した帝国憲法下で田中が身命を賭してとった行動は、ある
意味では的を射ていたと言えるし、「義人」の名にふさわしいものだ
ったとも言えるでしょう。その点で、山本氏の行動は、天皇の地位を
「主権の存する日本国民の総意に基づく」とし、「天皇は…国政に関す
る権能を持たない」とした現憲法に照らして、的外れであるばかりで
はなく、下手をすれば天皇の元首化を目論む時代錯誤の人たちを喜ば
すだけの愚挙だったとさえ思えます。

　しかし、言論の自由が一応保障されている今日、その当否を決めるの
はあくまで国民世論であり、その結果は、山本氏も謙虚に受け止めな
ければなりません。ただ、それによって問われているのは果たして山
本氏個人の問題なのかと言えば、決してそうは思いません。そこで図
らずも問われているのは、まさに現憲法下における天皇の在り方その
ものの問題であり、それこそは私たちが改めて真剣に考えてみなけれ
ばならない大事な事柄なのではないでしょうか。その意味で、政府・
与野党やマスコミのヒステリックとも言える「政治利用」批判の大合
唱は、本質的な問題から目をそらすことにしかならなかったのでは、
という危惧を感じます。

　そもそも、「政治利用」の論議は今に始まったことではありません。
鳩山（由紀夫）政権時代には、閣僚が国会開式における天皇の「お言
葉」につき問題提起をしたり、宮内庁の慣例を押し切って天皇と中国

《コラム》 山本太郎氏の「直訴状」

政府要人との会見をセットし、安倍政権になってからは沖縄県民の反対を無視して開かれた「主権回復の日」の式典に天皇の参加を仰いだり、五輪開催地を決めるIOC総会では宮様の出席を後押しするなど、疑義を呼んだ事例はいくつもありますが、これらはいずれも政権の内部から出たものでした。しかし、それを言うなら、形の上では天皇が授与することになっている叙勲の対象者が国会議員の口利きなどで決まるという事実などはまさに「政治利用」でなくて何でしょう。そして、その「政治利用」を引き出している大本を尋ねていけば、私たちは、それを「象徴」と呼ぼうと何と呼ぼうと、ある人たちにとって利用されやすい「天皇」という制度そのものに行き着かざるを得ないのではないでしょうか。利用することが問題なら、される方の制度の側も問題にしなければフェアーな議論とは言えません。

　歴史を振り返ると、天皇が実権を握っていた古代前期までの社会を除けば、あとに続く貴族の権力や武士の権力が天皇制を維持してきたのは、自らの支配を正当化するものとして利用するためであって、一部の人が考えているように、天皇に特別の神秘的な霊力があったからでも、民がそれを切望したからでもありません。ですから江戸幕府に至っては、天皇（朝廷）を10万石の大名程度の扱いに留め、庶民も、将軍のほかに「天子」というものが存在するという事実やその理由についてもよく理解するものがなく、京都の御所の荒れ果てた塀の破れ目からは天皇の姿が見えたほどだったと言います。

　ところが、明治になって、天皇の権威は大々的に復活します。それは、天皇にその資質が認められたからでも、自らそれを望んだからでもなく、明治維新を担った指導者たちが、遮二無二天皇の権力を復活させ、それを盾にいわゆる「上からの近代化」を断行しようとしたからにほかなりません。そのことをどう評価するかは人によりますが、そこで大々的に利用されたのが古代に倣ったとされる「天皇制」であったことは天下周知の事実であり、日本とアジアに多大の犠牲を強いたアジア・太平洋戦争とその敗戦も、過半はその制度と思想がもたら

したものでした。

　そして戦後になり、私たちはようやく民主的な憲法を手にします。が、そこでも「象徴」という名の「天皇制」は残ることになりました。そのとき国民の思いがどこにあったにしろ、占領政策やその後の世界情勢を睨んだアメリカと、なんとか国体の護持を図ろうとする日本の支配層の思惑が、そこで一致したからに違いありません。その意味で、天皇制はまたしても「利用」されたのです。というより、天皇制も王室制も支配者によってか国民によってか、「利用される」ところにこそその役割があるとしたら、今度の事件はまさに起こるべくして起こったものであり、今後も、同じことが繰り返されないという保証はどこにもありません。

　となると、だから天皇制なんて面倒なものはなくても、という人も出てくるだろうし、私も国民の総意の一億分の一を担うものとして私見を述べるなら、いつの日か天皇も含めた国民の総意で、このような制度が、瘡蓋が取れるように痛みもなく取れていってくれれば、と願うものの一人です。ただし、私の場合その理由は、「政治利用」云々よりももっと別のところにあります。その一つは、「天皇制」があることが、私たち国民の精神のありようと深くつながっているように思えるからです。

　たとえば、いまわれわれは天皇というものがどんな存在なのか深く考えたことがありませんから、国民の税金で暮らしていけていいなどと漠然と思っているかもしれません。しかし、もし、お前がやってみろと言われたらどうでしょう。あんな大変そうなものはないから、喜んで引き受ける人など万に一人もいないのではないでしょうか。

　だとすれば、結局、私たち国民は、自分が嫌なことをあの人（たち）に押し付けているだけの甘ったれと言われても仕方がありません。もちろん、天皇の果たしている役割が、必要不可欠なものであり、本当にあの方でなくては務まらないものなのかどうか、という問題はありますが、そんなことは考えも及ばず、あの方がいてくれればなんとな

《コラム》 山本太郎氏の「直訴状」

く安心だ、位に思っているとしたら、そうした中途半端な依存体質こ
そ、一部の人による「政治利用」を保証してやっているのだ、とは言
えないでしょうか。ちょっと飛躍があるかもしれませんが、私は、日
本人がともすれば自立心や主体性に乏しいのは、「天皇制」の存在とも
無関係ではないと考えています。そういう心もとない「甘えの構造」
に支えられた「天皇制」もまた、本当は心もとなく危ういものと言わ
なければなりません。

　二つ目は、その事とも深く関わるのですが、そうした誰もがやりた
がらない大役を引き受けている天皇（とその一族）は、本当にそれに値
する処遇を受け、我々国民と同じ人間としての生活をエンジョイされ
ているのだろうか、ということです。よく言われるように、天皇家の
人々には選挙権がありません。職業選択の自由もないに等しく、思想・
信教の自由も怪しいものです。つまり、憲法の保障する法の前の平等
は、天皇家において、完全な形では認められていないのです。我々一
般の国民に比べて、一人前の人間として扱われてはいないのです。そ
の上、週刊誌等の好奇の目に晒され、プライバシーがたえず脅かされ
ている生活がどんなものか、想像するに余りあるものがあります。

　制度の問題は個人の問題とは切り離すべきなのですが、制度の矛盾
は個人においてこそ現れると思うので、敢えて言うなら、皇后の美智
子さんは（そして天皇も）、そうした様々な制約にもかかわらず、しば
しばその人間らしい真情を、つつましい態度と言葉にくるんで、懸命
に吐露しようと努力されてきました。たとえば、朝日新聞の論壇時評
（2015年10月31日付）で高橋源一郎氏が紹介しているように、美智子さ
んは、79歳の誕生日にあたっての所感の中で、憲法の問題について相
当長く語っています。

　そこで彼女は、「今年は憲法をめぐり、例年に増して盛んな論議が
取り交わされていた」としたのち、本書第三話―1「草の根の憲法草
案」のなかでも取り上げている民権派の憲法草案の一つ「五日市憲法
草案」について触れ、明治憲法の公布に先立ち、数十もの憲法草案が

153

生まれたこと、現憲法に通じる「人権の尊重」や言論、信教の自由を強く訴えた「五日市憲法草案」は、忘却の淵に沈んで後、起草からおよそ90年たって土蔵の中から発見されたことなどを挙げ、「近代日本の黎明期に生きた人々の、政治参加への強い意欲や、自国の未来にかけた熱い願いに触れ、深い感銘を覚えた」とし、「長い鎖国を経た19世紀末の日本で、市井の人々の間に既に育っていた民権意識」に心から共感の意を示されています。

　そのことを私は、彼女が皇后という地位にあるから取り立てて言っているのではありません。それであれば、山本氏の天皇観と大差がないことになります。そうではなくて、自分の発言がどういう意味を持つかについて十分配慮しつつも、それを逃げ道とせず、精一杯人間の言葉として自らの真情を語ろうとしている彼女の姿勢に、心打たれるものがあるからです。これは、まさに彼女の戦いなのだと思います。しかも、それは、外に向けての戦いである前に、まずは自分自身との戦いなのだと見なければなりません。彼女の言葉の説得力は、そこから湧いてくるのではないでしょうか。

　しかし、私はそのことを、ただ称賛するために言っているのではありません。むしろ、そうして練りに練られた彼女の言葉の背後に、「天皇」という非人間的な制度自体が発する「喘ぎ」の声を聴くからにほかなりません。彼女の戦いを孤立させてはなりません。天皇が自由でないということは、私たちも真の意味で自由ではないということです。私たちはまず、自らの内面に巣食う「甘えの構造」と戦うところから始めなければなりません。そして、天皇の「地位は主権の存する国民の総意に基づく」という憲法第一条の文言を、いま一度よくかみしめてみたいと思います。「山本太郎氏の直訴状」問題が私に語りかけてきたのは、まさにその事でした。

参考文献

第一話～第九話

日本近代史研究会編『画報日本近代の歴史』2　維新への激流　　三省堂
　　1979年

　　　　　　　　〃　　　　　　　　3　御一新の明暗　　〃
　　1979年

　　　　　　　　〃　　　　　　　　4　ひろがる自由民権運動　〃
　　1979年

　　　　　　　　〃　　　　　　　　5　大日本帝国の確立　〃
　　1979年

　　　　　　　　〃　　　　　　　　6　二〇世紀の開幕　〃
　　1979年

　　　　　　　　〃　　　　　　　　7　近代国家の光と影　〃
　　1979年

　　　　　　　　〃　　　　　　　　8　民本主義の潮流　〃
　　1980年

　　　　　　　　〃　　　　　　　　9　岐路に立つ昭和日本　〃
　　1980年

　　　　　　　　〃　　　　　　　　10　非常時への傾斜　〃
　　1980年

　　　　　　　　〃　　　　　　　　11　戦争と国家総動員　〃
　　1980年

　　　　　　　　〃　　　　　　　　12　戦争の惨禍　〃
　　1980年

　　　　　　　　〃　　　　　　　　13　大日本帝国の終焉　〃

1980年

小西四郎『図説昭和の歴史』第1巻　昭和史の原像　集英社　1979年

金原左門　　　〃　　　　第2巻　民本主義の時代　〃　　1979年

山本明　　　　〃　　　　第3巻　昭和の恐慌　　　〃　　1979年

朝日新聞社編『朝日新聞に見る日本の歩み』（大正元年―4年）朝日新聞社

1975年

〃　　　　　　　　（大正5年―7年）　　〃

1975年

〃　　　　　　　　（大正8年―10年）　〃

1975年

〃　　　　　　　　（大正13年―15年）　〃

1975年

〃　　　　　　　　（昭和元年―5年）　　〃

1974年

田中彰『明治維新』　日本の歴史7　岩波ジュニア新書　2000年

由井正臣『大日本帝国の時代』日本の歴史8　岩波ジュニア新書　2000年

家永三郎・井上清・他編　『近代日本の争点』上　毎日新聞社　1967年

〃　　　　　　　　　　　　〃　　　中　　〃　　　1968年

〃　　　　　　　　　　　　〃　　　下　　〃　　　1968年

藤原彰・今井清一・大江志乃夫『近代日本史の基礎知識』　1972年

金原左門編『自由と反動の潮流』　日本民衆の歴史7　三省堂　1975年

高知県立坂本竜馬記念館『竜馬書簡集』高知県立坂本竜馬記念館　2006年

家永三郎編『明治前期の憲法構想』福村出版　1967年

家永三郎『日本近代憲法思想史研究』岩波書店　1967年

家永三郎『植木枝盛研究』岩波書店　1960年

色川大吉『明治の文化』岩波書店　1970年

吉野作造『民本主義論』吉野作造博士民主主義論集第一巻　新紀元社　1947
年

松尾尊允『大正デモクラシーの研究』青木書店　1966年

参考文献

松尾尊允『大正デモクラシー』岩波書店　1974年

太田雅夫編『大正デモクラシー論争史』上下　新泉社　1971年

富山県『富山県史』通史編Ⅵ　近代下　1984年

長幸男『昭和恐慌』岩波新書　1973年

古茂田信男他『日本流行歌史』戦前編　社会思想社　1981年

毎日新聞社『昭和流行歌史』別冊1億人の昭和史　毎日新聞社　1979年

吉田裕『アジア太平洋戦争』シリーズ日本近現代史⑥　岩波新書　2007年

吉田裕『日本軍兵士―アジア太平洋戦争の現実』中公新書　2017年

第十話

ジョン・ダワー著　三浦洋一・高杉忠明訳『敗北を抱きしめて』上下　岩波
　　書店　2001年

ジョン・ダワー著　外岡秀俊訳『忘却のしかた、記憶のしかた』岩波書店
　　2013年

山室信一著『憲法九条の思想水脈』朝日新聞社　2007年

藤原彰『餓死した英霊たち』青木書店　2001年

コラム

「天皇をどう思われますか」

合衆国戦略爆撃調査団「日本人の戦意に与えた戦略爆撃の効果」戦意調査部
　　1947年6月（翻訳者＝森祐二、発行＝財団法人・広島平和文化センター、
　　昭和63年（1988）11月20日）

安丸良夫『近代天皇像の形成』岩波現代文庫　1992年2月の「あとがき」

大澤真幸「天皇制の謎と民主主義《基盤装置》の危うい未来」（『Journalism』
　　2019年4月）

「父の玉砕死、忘れられた島」

楢崎修一郎『骨が語る兵士の最後』筑摩書房　2018年

竹峰誠一郎『マーシャル群島——終わりなき核被害を生きる』新泉社　2015年

河野仁著『＜玉砕＞の軍隊、＜生還＞の軍隊』講談社学術文庫　2013年

「憲法九条と沖縄のこと—Aさんへの手紙」

新崎盛暉『現代日本と沖縄』山川出版社（日本史リブレット）　2001年

新崎盛暉『日本にとっては沖縄とは何か』岩波新書　2016年

伊勢崎賢治・布施祐人　『主権なき平和国家—地位協定の国際比較からみる日本の姿』集英社クリエイティブ　2017年

古関彰一『憲法九条はなぜ制定されたか』岩波ブックレット　2006年

古関彰一『日本国憲法の誕生　増補改訂版』岩波現代文庫　2017年

古関彰一・豊下楢彦『沖縄　憲法なき戦後—講和条約三条と日本の安全保障—』みすず書房　2018年

進藤栄一『分割された領土—もう一つの戦後史』岩波現代文庫　2002年

高橋哲哉『犠牲のシステム−福島・沖縄』集英社新書　2012年

田中伸尚『憲法九条の戦後史』岩波新書　2005年

豊下楢彦『安保条約の成立—吉田外交と天皇外交』岩波新書　1996年

豊下楢彦『集団的自衛権とは何か』岩波新書　2007年

豊下楢彦『昭和天皇・マッカーサー会見』岩波現代文庫　2008年

豊下楢彦・古関彰一（2014）『集団的自衛権と安全保障』岩波新書　2014年

吉田　裕『昭和天皇の終戦史』岩波書店　岩波新書　1992年

収録写真転載書名

⑴　15頁（本書の頁、以下同じ）　坂本龍馬　「画報日本近代の歴史」2
　　三省堂（以下『画報』と略す）　　　　112頁

参考文献

(2)	17頁	誓文を読み上げる三条	『画報』3	16頁
(3)	19頁	太政官の掲示	『画報』3	18頁
(4)	22頁	植木枝盛	『画報』4	64頁
(5)	22頁	日本国国憲案	『画報』4	64頁
(6)	27頁	深沢家の土蔵	『画報』4	66頁
(7)	27頁	深沢権八	『画報』4	67頁
(8)	28頁	千葉卓三郎筆跡	『画報』4	67頁
(9)	32頁	伊藤博文	『画報』5	38頁
(10)	32頁	枢密院会議	『画報』5	38頁
(11)	33頁	憲法発布式	『画報』5	40頁
(12)	41頁	憲法発布式桜田之景	『画報』5	43頁
(13)	45頁	教育勅語奉読の光景	『画報』5	60頁
(14)	47頁	芳川内務相官邸焼き討ち	『画報』7	29頁
(15)	49頁	桂太郎	『画報』7	165頁
(16)	52頁	議事堂前の民衆	『画報』7	166頁
(17)	54頁	神戸の米騒動焼き討ち	『画報』8	84頁
(18)	54頁	米騒動記事削除	『朝日新聞に見る日本の歩み』大正7年8月15日付	
(19)	54頁	ビリケン人形に似せた寺内	『画報』8	54頁
(20)	54頁	寺内正樹首相	『画報』8	54頁
(21)	55頁	「平民」首相原敬	『画報』8	88頁
(22)	59頁	吉野作造	『画報』8	100頁
(23)	62頁	震災直後の銀座通り	『画報』9	13頁
(24)	62頁	自警団組織	『大正震災志写真帳』（内務省社会局）	
(25)	63頁	亀戸事件犠牲者	『画報』9	20頁
(26)	63頁	殺害された大杉・伊藤	『画報』9	22頁
(27)	65頁	東京に送られていく娘たち	『画報』9	157頁
(28)	66頁	「何が彼女をそうさせたか」	『画報』9	162頁
(29)	68頁	治安維持法反対集会	『画報』9	54頁

⑶ 69頁　山本宣治　　　　　　　『画報』9　136頁

⑶ 71頁　小林多喜二　　　　　　『画報』9　80頁

⑶ 73頁　美濃部達吉　『日本大百科全書』22　小学館　422頁

⑶ 72頁　『国体の本義』表紙　　『画報』11　65頁

⑶ 75頁　出口王仁三郎　　　　　『画報』10　168頁

⑶ 76頁　紀元二千六百年奉祝国民歌　『画報』11　171頁

⑶ 79頁　山川均　　　　　　　　『画報』11　68頁

⑶ 80頁　マルクス・エンゲルス全集　『画報』9　123頁

⑶ 81頁　河合栄次郎　　　　　　『画報』11　126頁

⑶ 81頁　斎藤隆夫　　　　　　　『画報』11　151頁

⑷ 83頁　津田左右吉　　　　　　『画報』11　152頁

⑷ 85頁　細川嘉六　　　　　　　『画報』12　122頁

⑷ 86頁　岡谷の女工たち　　　　『画報』9　60頁

⑷ 87頁　発禁となった『憲法撮要』『画報』10　156頁

⑷ 89頁　玉音放送を聞く人々　　『画報』13　62頁

⑷ 91頁　父の写真　　　犬島肇氏提供

⑷ 95頁　現上皇の書初め　ジョン・ダワー『敗北を抱きしめて』上
221頁

⑷ 99頁　富山市の焼け跡に立ち始めたバラック『北日本新聞』1945年
12月13日付

⑷ 106頁　12番の女性の答え　国立国会図書館憲政資料室蔵のマイクロ
　　　　　フィルムからコピーしたもの

⑷ 111頁　マロエラップ諸島　竹峰誠一郎『マーシャル群島──終わ
　　　　　りなき核被害を生きる』18頁

⑸ 112頁　父の遺影　　　犬島肇氏提供

⑸ 113頁　楢崎修一郎氏　『骨が語る兵士の最期』筑摩書房　2018年

⑸ 114頁　三体の人骨　『骨が語る兵士の最期』95頁　前項と同じ

⑸ 115頁　チェスター・ニミッツ　wikipedia

⑸ 116頁　マロエラップ環礁　wikipedia

参考文献

⑸　116 頁　　飛行機の残骸　　　wikipedia

⑹　117 頁　　第 252 海軍航空隊戦時日誌　　wikipedia

⑺　118 頁　　マーシャル群島における激闘　　wikipedia

⑻　119 頁　　マーシャルにおける水爆実験　　wikipedia

おわりに ――再び読者のみなさんへ

小澤　浩
こざわ　ひろし

1937年、富山市生まれ。国際基督教大学教養学部卒、東京教育大学大学院文学研究科博士課程単位取得退学。富山医科大学助教授を経て、富山大学人文学部教授。2011年同退職。専攻・日本近代民衆思想史、民衆宗教史。主著『生き神の思想史』岩波書店　1988年、『新宗教の風土』岩波新書　1997年、『ヒロシ君と戦争』桂書房　1999年、『民衆宗教と国家神道』日本史リブレット61　山川出版社　2012年、その他

自分にしかできないことをやろうと思いました。その結果。異質な人々としかできないことをやることになりました。想像どおりの甚だしい不協和音。でも、おかげさまで、平和というものはそうやってしか手に入らないものだということが実感できました。「ゴールが見えたか？」だって？とんでもない。やっとスタートラインに立てたかな、といった感じです。

吉田　裕
よしだ　ゆたか

1954年生まれ。東京教育大学文学部卒、一橋大学社会研究科博士課程単位取得退学。同助手、助教授、教授を経て、同大学大学院社会学研究科教授。専攻・日本近・現代軍事史、日本近現代政治史。主著『昭和天皇の終戦史』岩波新書　1992年、『日本人の戦争観』岩波現代文庫　2005年、『アジア・太平洋戦争史』岩波新書　2007年、『兵士たちの戦後史』岩波書店　2011年、『日本軍兵士』中公新書　2017年、その他

おわりに ──再び読者のみなさんへ

犬島　肇
<small>いぬじま　はじめ</small>

1941年富山市岩瀬生まれ。1964年東京教育大学文学部卒。以後10年間富山県立高岡高校教諭。1979年から2013年まで6期24年富山県議会議員。その後高齢者介護施設の社会福祉法人理事長などのほか、多数の住民運動を組織。著書『スメタナ「わが祖国」論』（私家版）など。

　東日本大震災で福島1Fが爆発し、この時、《日米同盟》によって、米原子力空母ロナルド・レーガンに乗り組んでいた米軍の若い男女の兵士たちが、東北の被災者たちを救出し、水その他の救援物資を運ぶなどの作業に従事したのですが、放射性ブルーム（帯状の雲）によって被曝し、甲状腺疾患、白血病、膀胱不全、脊髄損傷などを発症しました。彼らは2012年に東電などを相手取ってカリフォルニアで提訴しました。原告団は400名を超えましたが、今年四月、敗訴しました。上告してたたかうと聞いています。だが、すでにこの若い米兵たちのうち9名が死去しました。（エイミ・ツジモト、田井中雅人共著『漂流するトモダチ』2018、朝日新聞出版）これが、アベシンゾウのいう日米同盟＝『血の同盟』の実相です。
　今度はホルムズ海峡で自衛隊員にも血を流せというのですか。国連の安保理事会の目を潜って「有志連合」でイランを叩こうという悪知恵です。「いずも」型護衛艦に米軍のF35B戦闘機を配備し、航空母艦化する計画も着々と進んでいます。
　憲法九条を掘り崩す政治に対して、「安倍政治を許さない」を連打していく理性の声が必要です。

山田　博
やまだ　ひろし

1954年生。高岡高校、京都大学法学部卒
弁護士（元富山県弁護士会会長、元中部弁護士会連合会理事長）

　2019年7月21日の参議院選挙で改憲勢力が、3分の2を割ったことで少しホッとしました。

　この数年衆議院、参議院の両方で改憲勢力が3分の2を超えていたため憲法9条も風前の灯かと危惧していましたが、暫くの安心です。

　日本の今後を左右する分岐点でのこの暫くの猶予期間に、私たちは何をなすべきなのか、何ができるのか、じっくり話し合い、力をつけていく必要があると感じています。

鈴木 明子
すずき　あきこ

1946年京都市生まれ。立教大学文学部史学科卒。東京の私立高校で社会科教師、富山に来てから1990年より桂書房勤務。2006年退職。2007年より地元・富山県小杉町（現・射水市）で9条の会に参加。9条平和小杉の会、呼びかけ人。共著に『感化院の記憶』桂書房、2001年

　小澤さんから、主権在民に道を開く普通選挙権獲得運動は、富山県滑川の青年会の運動から始まったと聞き、驚きました。1世紀経った沖縄では、県民投票でも知事選でも、基地反対の民意が示されたのに、

おわりに　——再び読者のみなさんへ

政府は無視。でも玉城デニー知事は、沖縄を東アジアの平和のキーストーンに、と意気軒高。民主主義を沖縄コトバでいうと、「ユイマール（助け合い）やチムグクル（思いやり、真心）かな」だって。いいなあ、元気出しましょう。

勝山 敏一（かつやま　としいち）

1943年生まれ。富山県立高岡工芸高校卒。県立高校の実習助手として10年ほど勤務。1976年、富山市の巧玄出版に転職。1981年同社倒産のため、1983年に桂書房を創業。以来、500点余を出版。著書『女一揆の誕生』など。

小学校で「君が代」を唄い、この君って天皇のことかな、なんでたたえるのだろうと疑問に思ったことがある。教師に質問しなかったのは、天皇に対する畏怖か尊敬の念がなぜか自分の中にもあると気づいたから。矛盾というものを実感した初めの一つだった。その後ずっとたって、天皇は日本の象徴と聞いたけれど、生身の人間がどんな振る舞いをしてその顕現になるのか、こちらの実感は何十年もかけて味わうものとなった。

ものがたり〈近代日本と憲法〉
――憲法問題を「歴史」からひもとく――

2019年10月31日 初版発行 　　　　　　　　定価1,600円＋税

語り部ⓒ　小澤　浩　　吉田　裕　　犬島　肇
　　　　　山田　博　　鈴木 明子　　勝山 敏一

発行者　勝山 敏一

発行所　桂　書　房
　　　　〒930-0103　富山市北代3683-11
　　　　電話 076-434-4600 / FAX 076-434-4617

印刷／モリモト印刷株式会社

ISBN 978-4-86627-072-2

地方小出版流通センター扱い

＊造本には十分注意しておりますが、万一、落丁、乱丁などの不良品がありましたら送料当社負担
　でお取替えいたします。
＊本書の一部あるいは全部を、無断で複写複製（コピー）することは、法律で認められた場合を除
　き、著作者および出版社の権利の侵害となります。あらかじめ小社あて許諾を求めて下さい。